나는 돈이 얼마나 있으면 행복할까?

나는 돈이 얼마나 있으면 행복할까?

: 목표 설정부터 계획과 전략 수립까지 4주 완성 나만의 경제적 자유 찾기

초판 발행 2023년 6월 15일

지은이 노영은 / **펴낸이** 김태헌
총괄 임규근 / **책임편집** 권형숙 / **기획편집** 윤채선 / **교정교열** 김수현
디자인 스튜디오 베어 / **일러스트** 버들(@am.3.27)
영업 문윤식, 조유미 / **마케팅** 신우섭, 손희정, 김지선, 박수미, 이해원 / **제작** 박성우, 김정우

펴낸곳 한빛라이프 / **주소** 서울시 서대문구 연희로2길 62 한빛빌딩
전화 02-336-7129 / **팩스** 02-325-6300
등록 2013년 11월 14일 제 25100-2017-000059호 / **ISBN** 979-11-93080-03-0 03320

한빛라이프는 한빛미디어(주)의 실용 브랜드로 우리의 일상을 환히 비추는 책을 펴냅니다.

이 책에 대한 의견이나 오탈자 및 잘못된 내용에 대한 수정 정보는 한빛미디어(주)의 홈페이지나 아래 이메일로
알려주십시오. 잘못된 책은 구입하신 서점에서 교환해 드립니다. 책값은 뒤표지에 표시되어 있습니다.

한빛미디어 홈페이지 www.hanbit.co.kr / **이메일** ask_life@hanbit.co.kr
한빛미디어 페이스북 facebook.com/goodtipstoknow / **포스트** post.naver.com/hanbitstory

지금 하지 않으면 할 수 없는 일이 있습니다.
책으로 펴내고 싶은 아이디어나 원고를 메일(writer@hanbit.co.kr)로 보내주세요.
한빛라이프는 여러분의 소중한 경험과 지식을 기다리고 있습니다.

목표 설정부터 계획과 전략 수립까지 4주 완성 나만의 경제적 자유 찾기

나는
돈이 얼마나 있으면
행복할까?

노영은 지음

H3 한빛라이프

경제적 자유로 가는 지름길,
나의 진짜 욕구를 잘 아는 것부터 시작입니다

"순자산 15억원이 있다면 당신은 무엇을 하고 싶습니까?" 누군가 나에게 이 질문을 한다면 나는 어떻게 대답할까? 지금 나에게 15억원이 생긴다면 그래도 회사를 계속 다닐까? 당장 해외로 떠나는 비행기 티켓을 끊을 수도 있고, 서울 어딘가에 집을 사고 차를 사고 또 다른 무언가를 살 정도의 여유는 있겠지. 이 질문을 들은 누군가는 지금 같은 고물가 시대에 15억원은 부자로 살기엔 부족한 금액이라고 생각할지도 모른다. 일반적으로 연 지출의 25배를 벌면 경제적 자유를 이루었다고 본다. 15억원은 매월 5백만원씩 연 6천만원을 지출한다고 가정했을 때 필요한 금액이다.

경제적으로 자유롭기 위해 내게 필요한 돈은 얼마인가? 누구나 한 번쯤 고민해보는 주제인데 막상 마주하면 아득하기만 하다. 순자산 15억원에 대한 얘기는 막연함을 해결해줄 첫 번째 대화 주제다. 15억원이 있다면 지금 내가 하고 있는 것 중에 하고 싶지 않은 게 무엇인지 명료하게 나눌 수 있다. 계속 이어갈 것과 그만둘 것을 확실히 구분 짓고 얼마큼의 돈이 필요할지 따져볼 수 있게 해준다.

지난해 나는 5년 동안 이어온 사업을 그만두려고 했었다. 불규칙적인 월급을 견디고 불확실한 미래에 에너지를 쏟다가 지쳐버렸다. 수개월의 방황을 멈추고 다시 사업에 집중할 수 있었던 계기는 바로 앞에서 말한 '순자산 15억원이 있다면 당신은 지금 무엇을 하겠는가?'라는 질문이었다. 나는 그 돈이 있다면 내 사업에 투자하겠다고 대답했다. 내 일을 통해 사회에 선한 영향을 끼치는 것이야말로 내가 진정으로 하고 싶은 일임을 확인했다. 어렵고 힘든 상황은 나를 시험에 들게 했지만, 나의 진짜 욕구를 발견하고 흔들림을 멈출 수 있었다. 돈에 대해 고민하다가 얼떨결에 자아 발견을 한 셈이다.

경제적 자유는 그 모습을 구체적으로 상상하는 것부터 시작이다. 15억원에 대한 상상으로 안개가 자욱했던 삶의 표지판이 명료해진다. 무작정 몇 십, 몇 백억원을 벌겠다는 목표는 공허하다. '왜'가 빠져 있기 때문이다. '왜'가 없는 목표는 결정적인 순간에 힘을 쓰지 못한다. 경제적 자유를 얻기 위해 필요한 돈을 계산해보기 전에 먼저 나에게 이렇게 물어보자.

"나는 '왜' 경제적 자유를 이루고 싶은가?" 이 질문에 대답하기 위해서는 '진짜 욕구'에 대한 고민부터 해보면 좋다. 대개 사람들은 내가 무엇을 할 때 행복한지 모르면서 남들이 좋다고 하는 것을 따라서 선택하곤 한다. 그것이 바로 '가짜 욕구'다. 남들이 다 좋다고 하는 게 정말 나에게도 좋을까? 나의 진짜 욕구에 솔직해지면 내가 무엇을 할 때 행복한 사람인지 알게 된다. 욕구 찾기는 개인적 결핍에서 힌트를 얻을 수 있다. 나에게는 돈과 관련된 깊은 결핍이 존재한다. 나의 부모님은 경제적 어려움 때문에 끊임없이 갈등하다 이혼했고, 나는 부모님 없이 1년간 친척집에 얹혀살았다. 돈 때문에 시작된 문제가 가족을 뿔뿔이 흩어지게 하자 나는 돈이 미워졌고, 오랜 세월 '돈은 나쁜 것'이라고 생각하고 살았다. 내 머릿속에서 돈에 대한 결핍은 관계의 무너짐과 깊은 연관성이 있었던 것이다.

아이러니하게도 내가 경제적 자유를 깊이 생각하게 된 계기는 내가 선택한 가족이 생기고 나서였다. 생김새가 무척 닮아 자매나 쌍둥이로 오해받는 친구 J와 하얀 털을 가진 강아지 한 마리와 함께 산 지 3년이 되었다. 내가 경제적 자유를 꿈꾸는 이유는 바로 원하는 때에, 원하는 만큼 가족과 시간을 보내고 싶어서이다. 가족이 아프거나 나를 필요로 할 때 돈이나 직장 때문에 몸이 묶이고 싶지 않았다. 이런 나의 동기는 결핍과 연관되어 무척 강력하게 내 안에 자리 잡고 있다. 이 책을 집어 든 당신에게도 무언가와 관련된 결핍이 있을 것이다.

미국의 전략 컨설턴트 사이먼 사이넥은 테드^{TED} 강연에서 일을 시작할 때 무엇^{WHAT}을 어떻게^{HOW} 할 것인지가 아니라 왜^{WHY} 해야 하는지에서 출발하라고 했다. 대부분의 기업은 'WHAT'을 먼저 말하지만, 혁신적인 기업은 'WHY'를 말한다. 사람들은 WHAT보다 WHY로 소통할 때 더 강한 호기심을 느끼고 구매 욕구도 높아진다.

경제적 자유도 마찬가지다. 스스로를 설득하고 움직

이게 하기 위해서는 돈의 액수가 아니라 왜 돈을 갖고 싶은지부터 시작해야 한다. 우리 모두가 살아온 인생의 길이 다르듯 나만의 WHY는 분명히 존재한다. 그것을 찾는 일이 쉽지는 않다. 한 달, 1년이 걸릴 수도 있다. 하지만 찾고 나면 그다음은 시간문제다. 나만의 WHY를 찾아라. 이것이 무작정 돈을 모으거나 남들이 다 하는 방식으로 재테크를 시작하기 전에 꼭 해야 할 일이다.

나만의 WHY가 막연하게 느껴진다면 '나'는 어떤 사람인지, 무엇을 할 때 행복한 사람인지 고민해보자. 거기에 내가 원하는 경제적 자유에 대한 힌트가 있을 것이다. 당신은 30평대 신축 아파트에 살면 행복한가? 외제차를 타면 기분이 좋은가? 1년에 네 번 정도 해외여행을 떠나면 적당한가? 대부분의 스탠더드한 행복의 조건이 정말나에게도 통하는지 생각해보자.

나의 이야기를 해보자면, 계절의 변화를 충분히 느낄 수 있는 자연과 가까운 곳에 거주하며 작은 텃밭을 가꾸고, 마당에 사랑하는 사람들과 둘러앉아 직접 재배한 채소들로 만든 요리를 나눠 먹는 상상을 한다. 그들과 크고작은 고민을 나누며 나의 도움이 필요하면 기꺼이 도와줄 수 있다. 아침에는 여유롭게 산책에 나서고, 동네의 작은 카페에서 사장님과 대화를 나누며 행복하고 평온한 기분을 느낄 수 있다. 이게 바로 '나의' 경제적 자유다. 이런 일상을 누릴 수 있다면 경제적 자유를 꼭 이루고 싶다. 이 책을 덮을 때쯤 여러분도 각자의 경제적 자유를 위한 노력을 시작할 강력한 동기, WHY를 찾길 바란다.

1장
돈에 눈을 감으니 돈도 나를 멀리했다
: 돈에 대한 기준, 나의 진짜 욕구 찾아보기

2장 **돈이 사람이라면 나와 어떤 관계를 맺고 있을까?**
: 캐시플로우 게임을 하며 돈과 친해지기

3장 **돈과 한 발자국씩 가까워지는 법**
: 0에서 시작하는 돈 공부

4장

나다운 경제적 자유 찾는 법

: 지금부터 경제적 자유를 위한 방법 실천하기

3주차. 목적지까지 도달하기 위한 계획과 전략 세우기

4주차. 과정이 즐거운 경제적 자유를 이루기 위한 마음가짐

워크북 활용법

책을 보며 나의 이야기를 기록하고 싶은 분을 위해 워크북을 준비했습니다. '나만의 경제적 자유'에 대한 생각을 정리하다 보면 몰랐던 나의 진짜 욕구를 발견하고, 내 삶의 속도에 맞춘 계획표를 세울 수 있습니다. 워크북을 통해 돈을 어떻게 이해하고 벌고 모으고 써야 하는지 정리해보면서 자신의 경제적 역량을 중심으로 미래를 준비해보세요. 이 책을 읽고 워크북을 마무리할 때쯤이면 막연했던 불안감이 해소되고 경제적 자유로 나아가는 데 필요한 용기를 얻을 수 있을 거예요.

1주차 나만의 경제적 목적지 설정하기

경제적 자유를 향한 과정은 장기전이기 때문에 목적지를 정확히 설정하고 스스로 동기 부여를 해야 길을 잃지 않을 수 있어요. 1주차에서는 내가 무엇을 할 때 행복한 사람인지, 왜 경제적 자유를 이루고 싶은지, 궁극적으로 돈을 통해 어떤 삶을 살고 싶은지 글과 그림으로 기록해보세요.

2주차 현재 내가 서 있는 경제적 출발점 파악하기

불안감은 무지로부터 시작됩니다. 미래는 누구도 알 수 없지만 현재 자신의 상태는 본인이 가장 잘 알아야 합니다. 돈이 삶의 목적이 아닌 수단임을 알고 그 수단을 더욱 효율적인 방식으로 운용할 수 있도록 준비하는 시간을 가져보세요.

3주차 목적지까지 도달하기 위한 계획과 전략 세우기

스스로 세운 목적지까지 빠르게 도착하기 위한 전략을 직접 짜보는 시간입니다. 워크북 속 질문을 따라 최대한의 절약 시스템을 만들고 본인의 자산을 불릴 수 있는 방법을 스스로 찾아보세요. 자산이 없어도 사장님 되어보기, 작은 투자 시작하기 등을 통해 자본 시장에 적응할 수 있는 방법이 가득합니다.

4주차 과정이 즐거운 경제적 자유를 이루기 위한 마음가짐

열심히 목표와 계획을 세워도 내일 우리 인생에 극적인 변화는 일어나지 않습니다. 오늘과 비슷한 내일이 오고 평범하게 하루가 지나갈 것입니다. 하지만 인생을 바라보는 관점을 바꾸면 내일은 오늘과 180도 다를 수 있습니다. 4주차에서는 경제적 자유로 가는 여정마저 행복할 수 있도록 내면의 힘을 기르는 연습을 해보세요.

1장

돈에 눈을 감으니
돈도 나를 멀리했다

: 돈에 대한 기준, 나의 진짜 욕구 찾아보기

취직하면
다 해결될 거야

"노영은 씨, 최종 합격을 축하드립니다."

"아, 감사합니다!"

"저희 회사는 연봉 협상을 하지 않습니다. 초봉은 2,700만원으로 정해져 있고요. 이의가 있으시다면 입사가 어렵습니다."

2016년 5월에 언론사에 첫 취업을 했다. 사실 기자가 되고 싶었는데 자꾸 서류부터 탈락해서 경영 직군으로 지원을 했다가 덜컥 합격해버렸다. 합격 전화와 함께 연봉을 알려주었는데 사실상 통보에 가까웠다. 많은 졸업생이 오랜 기간 취업을 준비하던 시기였다. 나도 마찬가지로 대학원을 졸업하고 별다른 수입 없이 여전히 엄마에게 용돈을 받으며 취업 준비를 하고 있었다. 이 직군, 이 회사가 아니라 더 좋은 곳으로 갈 기회를 기다리고 싶었지만, 그동안 나를 뒷바라지해온 엄마 얼굴이 아른거렸다. 합격한 회사는 대졸 신입사원 평균 초봉에도 미치지 못하는 금액을 제시했지만 이의를 제기하면 불합격이라는 말에 압도되어 조급한 목소리로 "네, 그럼 언제 출근하면 되나요?"라고 대답했다.

월급날마다 통장에는 200만원에 가까운 숫자가 찍혔다. 경제 활동을 처음 시작한 나에게 200만원이라는 숫자는 커다랗게 느껴졌지만 놀랍게도 수개월간 저금은 하나도 하지 않았다. 마치 게임 퀘스트를 깨듯이 통장 잔고를 비워냈다. 학생 때는 취직하면 돈 문제가 다 해결될 거라는 막연한 믿음이 있었는데, 돈과 관련한 아무런 지식이 없었기에 그런 극적인 변화는 찾아오지 않았다.

200만원이라는 돈이 매달 눈 녹듯 사라지니 어느 달은 경각심이 들어 '사회 초년생을 위한 금융 컨설팅'을 한다는 지인을 찾아갔다. 카페에서 두 시간 정도 양질의 강의를 해주었는데 미안하지만 그 내용은 하나도 실천하지 않았다. 통장을 쪼개고 소비를 기록하는 일이 부질없고 따분하게만 느껴졌다. 돈을 통제하기보다 흘러가는 대로 내버려두는 편이 편안하게 느껴질 정도였다. 규칙적으로 들어오는 월급에 취해 아무렇게나 소비하며 살아도 어떻게든 살아지는 경험 속에 무책임하게 나를 던져두었다.

소비는 자랑이었다. 무엇을 사지 않았는지보다 무엇을 샀는지 말할 기회가 더 많았다. 계획에 없는 소비를 하는 것이 아니라 애초에 계획이 없었다. 나중에는 무엇을 얼마에 샀는지 기억하기도 어려웠다. 먹고 싶은 것, 입고 싶은 것, 갖고 싶은 것은 즉각 승인 처리되었고, 그렇게 문제가 문제인지도 모르는 날들이 연속해서 지나갔다. 친구들에게 밥도 자주 샀다. 누구도 먼저 나에게 밥을 사달라고 하지 않는데도 그랬다. 취직을 기점으로 많은 것이 변하리라는 생각은 무분별한 소비로 나타났다. 소비를 통해 심리적 허기가 일시적으로 채워졌지만 금세 썰물처럼 빠져나가길 반복했다. '모두 이렇게 살지 않나?' 하는 근거 없는 생각으로 마음속 목소리엔 애써 눈을 감았다. 비슷한 출근 시간에 오피스텔 엘리베이터에서 마주치는 사람들은 모두 비슷한 표정을 하고 있었다. 여기서 무엇을 어떻게 다르게 할 수 있다는 건지 전혀 알 수 없었다.

2017년 5월에 퇴사했다. 월급이 꼬박꼬박 들어오는 생활이 딱 1년 지난 시점이었다. 돈줄이 끊기는 상황이 두렵지 않았냐는 질문을 한다면, 27살의 나는 돈을 버는 일 자체보다는 '어떤 일을 통해' 돈을 버는지가 더 중요했다. 이 회사에서 나의 역량을 충분히 발휘하고 있는가에 대한 강한 의문이 든 시점에 퇴사를 결심했다. 취직만 하면 인생의 많은 것들이 해결될 줄 알았는데 경제적인 것보다 더 중요한 고민들이 줄을 서 있을지는 몰랐다.

가치 있는 일을 하면서
돈 버는 건 잘못된 거야

'돈을 좇으면 돈이 도망간다'는 이야기를 자주 들으며 자랐다. 그 말의 진위 여부는 차치하고, 돈을 밝히거나 돈을 취하려는 행동은 적절하지 않다는 생각이 나의 머릿속에 깊이 박히는 계기가 된 건 확실하다. 심지어는 돈을 절약하는 행동까지도 돈을 좇는 행위로 분류되었던 것 같다. 어쩌면 과소비를 하면서도, 그에 대한 죄책감을 더는 도구로 이 말을 사용했을지 모른다.

취직한 후 경제적인 것보다 더 중요하게 다가온 고민은 바로 '일' 자체에 대한 것이었다. 일을 시작하고 난 후, 어떤 일을 하느냐가 삶의 많은 부분을 결정짓는다는

것을 알게 되자 내가 최선의 선택을 했는지 의심스러워졌
다. 단순히 어떤 일을 하면 월급이 더 많은가에 대한 문제
가 아니었다. 하루 절반 이상의 시간을 함께 보내는 동료
들과 가치관이 잘 맞는지, 나의 10년 후 모습에 가까운 팀
장님의 행복 지수는 어떤지, 개인 업무를 포함해 회사가
사회에 보내고 있는 메시지는 나의 '진짜 욕구'와 얼마나
일치하는지 등과 같은 질문들이 줄을 서서 대답을 재촉
했다.

　원하던 직군은 아니었지만, 첫 회사는 내가 학창 시
절부터 꽤 좋아하고 관심 있게 봐온 언론사였다. 만족하며
다닐 수도 있었을 텐데, 한 달 두 달 출근을 거듭할수록 기
쁨이 더해가기는커녕 가슴속이 답답하기만 했다. 무엇보
다 그 회사에서는 닮고 싶은 사람을 찾을 수가 없었다. 연
봉이 좀 더 높은 다른 회사에 지원해봤지만, 그곳에서도
내가 원하는 것은 찾을 수 없을 것 같다는 생각이 점점 더
선명해졌다. '그럼 내가 함께 일하고 싶은 사람들과, 내가
전하고 싶은 메시지를 담은 회사(서비스)를 직접 만들어보
면 어떨까?' 창업이 갑작스러운 선택처럼 보였을지 몰라
도 내 안에서는 이렇게 물 흐르듯 자연스러운 결론이었다.

물론 혼자라면 어려웠을 것이다. 절친한 친구이자 내가 하고 싶은 일을 가장 잘 알아주었던 J를 찾아가 함께 창업을 하자고 제안했다. J는 시기가 조금 빠르기는 하지만 언젠가 이런 날이 올 줄 알았다면서 흔쾌히 손을 잡아주었다.

그렇게 퇴사 후에 사업을 시작했다. '출근길 표정을 바꾸자'라는 비전vision 아래 아침 8시에 응원 메시지를 보내주는 서비스를 본격적으로 시작했다. 사실 이 서비스는 회사를 다닐 때 J와 함께 사이드 프로젝트로 시작했던 일이다. 지하철 2호선을 타고 회사에 출근하던 시절 고개를 푹 숙인 사람들, 무표정으로 휴대폰만 보는 사람들을 보고 국가적인 재난 사태라고 느꼈다. 회사에서도 마찬가지였다. 회색빛 얼굴을 한 사람들과 9시간을 넘게 같이 보내는 게 싫었다. '어떻게 하면 우리 팀 열 명이 편안한 마음으로 아침을 시작하게 도울 수 있을까?'로 시작한 질문의 주어가 '천 명의 사람들'로 자연스럽게 바뀔 만큼 규모가 성장하자 본격적으로 해볼 용기가 생긴 것이다.

1년 동안 돈은 하나도 벌지 못했다. 혹은 벌지 않았다. 어떻게 돈을 벌 것인지에 대한 고민보다 '출근길 표정을 바꾸자'는 공익에 가까운 비전에 몰두했기 때문이다.

이익을 내는 것과 비전을 실천하는 것을 굳이 흑과 백으로 나누지 않아도 되었지만, 그때까지만 해도 나는 돈이라면 그저 모른 체하거나 못 본 체하는 것이 가장 좋다고 생각했다.

돈에 대한 나의 착각은 꼬리가 긴 어려움을 데리고 왔다. 사업은 지속하기 어려워졌고, 함께하는 동료들을 속절없이 떠나보내야 했다. 눈물을 삼키면서도 여전히 헷갈렸다. 가치를 전하는 일과 돈 버는 것을 한 테이블에 두고 고민하기가 어려웠다. 답을 찾을 때까지 그 후로 몇 년이 걸렸고, 그동안 통렬하게 가난했다. 십여만원으로 한 달을 나곤 했다. 정신 승리를 하고 지내며 "이렇게 살아도 살아지네."라는 말을 제일 많이 했다.

그 시기에 우리를 도와준 분들이 참 많다. 공동 창업자 J의 어머니가 매주 반찬을 해다 주시고 가끔은 쌀까지 보내주셨다. 점심 식사는 도시락을 싸 다니며 최대한 지출을 아꼈다. 정부 지원을 받아 무료 공유 오피스를 사무실로 쓰며 책상만 몇 개 얻어 지냈고, 자취방은 언론사에서 월급 생활을 할 때 좋은 대출 조건에 얻은 전셋집이어서 그나마 버틸 수 있었다.

공유 오피스 생활을 할 때 우리보다 조금 일찍 사업을 시작한 팀이 자금 문제로 천천히 해체되는 것을 숨죽이며 지켜보기도 하고, 우리보다 늦게 시작한 팀이 가파르게 성장하는 것을 바로 옆에서 목격하기도 했다. 회사의 존폐 여부가 어떻게 되었든 진심이 아닌 마음으로 일을 하는 사람은 한 명도 없었다. 결국 폐업 위기에 닥친 팀들을 보며, 가장 안타까웠던 것은 자금의 압박보다는 이러한 방식으로는 더 이상 우리가 세상에 전하고 싶은 메시지를 제대로 전하기 어렵다는 사실이었다.

무엇이 달랐던 걸까. 하고 싶은 일을 하기 위해서는 시장에서 먼저 인정받아야 한다는 사실을 받아들일 수밖에 없었다. 시장의 인정은 곧 내가 하고 싶은 말을 '계속' 할 수 있게 하는 티켓이었다. 수수께끼를 풀었다는 마음은 이내 크나큰 아픔으로 나타났다. 실패했음을 받아들여야 했기 때문이다. 그것은 나의 첫 번째 실패였다. 가치 있는 일을 하기 위해서는 돈을 벌어야 했다. 좀 더 엄밀하게 말하자면 돈이 벌려야 했다. 그것은 지속 가능성을 타개하는 시장의 신호음이었다. 가치와 돈 중에 무엇을 선택하느냐의 문제가 아니라 가치를 이어가기 위해서 돈은 필수였다.

이 모든 일이 20대에 일어나서 다행이라고 생각했다. 27살부터 29살까지 촘촘하게 겪은 어려움들이 서른을 맞이하며 한 고개를 넘을 것이라는 작은 희망을 품었다. 하지만 안다고 해서 현실이 달라지는 것은 아니었다. 돈을 버는 기술은 먼 동네 이야기처럼 낯설었고, 돈이라는 글자 앞에서 나는 여전히 괜히 위축되었다. 돈을 잘 벌 자신이 없었다. 내 머릿속에 돈을 버는 방법은 자리 잡지 못했고, 제품을 기획하거나 마케팅 계획을 짤 때 여전히 몸에 밴 습관이 나왔다. 철저하게 시장 중심적 사고를 하려면 내가 잘하는 것, 내가 좋아하는 것보다는 사람들이 원하는 것을 만드는 데 집중해야 한다. 잘되는 사업이란 당연히 '사람들이 필요로 하는 것'을 만드는 일이다. 그러나 대기업이 아닌 작은 브랜드를 운영하는 입장에서는 그 설명이 다음 페이지에 나올 그림처럼 조금 수정될 필요가 있다. 바로 내가 하고 싶은 것, 내가 잘하는 것, 그리고 사람들이 원하는 것 사이의 교집합을 찾는 것이다. 처음 사업을 시작하는 1인 기업의 경우, 내가 좋아하고 잘하는 것은 비교적 찾기가 쉬운데 사람들이 원하는 것이 무엇인지에 대해서는 간과하는 경우가 많다. 사실 어떤 전략이 정

답이라고 말하기 어려울 만큼 많은 브랜드가 다양한 레퍼
런스를 만들어내고 있지만, 나의 경우에 가장 약했던 부분
은 '사람들이 원하는 것'을 알아내는 것이었다.

작은 브랜드를 운영하는 사람에게 필요한 시장 중심적 사고

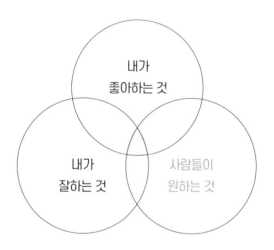

누군가가
나를 구해줄 거야

그래도 나는 운이 좋았다. 위기마다 누군가가 나타나 나를 구해주었다. 처음 창업을 하고 얼마 지나지 않아 소규모 투자를 받았다. 감사하게 받았지만 사실 남의 돈을 어떻게 써야 할지 전혀 감이 없던 시절이었다. 우선 같이 일하고 싶은 분들을 모시고 무언가를 만들어가기 시작했다. 투자금은 한정되어 있었고 우리는 그 사이에 반드시 성과를 내야만 했다. 여전히 돈을 번다는 생각은 낯설고 수익을 낸다는 것에 대한 어색함이 있던 때였다.

내가 사업을 통해 사람들에게 주고자 했던 메시지는 '마음 건강'에 관한 것이었다. 시작은 아침 8시 출근길에

소규모 투자를 받는 TIP

예비 창업가와 스타트업의 경우 정보 교류를 위해 공유 오피스를 사용하면 좋다. 나 역시 신생 스타트업을 보육해주는 경기도 지원 사업에 선발되어 약 6개월간 무료로 사무실을 사용했다. 그곳에서는 다양한 보육 교육 프로그램이 진행되고 많은 투자자와 선후배 창업가들을 만날 수 있다. 투자 유치에 성공하기 위해서는 수많은 투자 회사 중에서 본인 사업에 맞는 곳을 고르는 것이 중요하다. 콘텐츠 스타트업으로 시작한 우리는 미디어 스타트업에 전문적으로 투자하는 회사를 소개받았고, 여러 번의 아이디어 PT와 면접을 거쳐 최초 투자를 받았다. 본인의 사업 아이템에만 집중하다 보면 시야가 좁아져 주위에서 쉽게 찾을 수 있는 기회를 못 보고 지나칠 수 있다. 스타트업 지원 사업이나 투자처를 수시로 확인하면서 많은 정보를 얻는 것이 중요하다.

- 스타트업플러스 startup-plus.kr
- 창업지원포털 k-startup.go.kr

보내주는 따뜻한 응원의 카톡 한 통이었는데, 1년 후에는 아침밥도 못 먹고 출근하는 바쁜 현대인들을 위해 밥상을 차려준다는 콘셉트의 팟캐스트로 발전했다. 메시지가 전송되는 방법은 달라졌지만 내용은 한결같았다. 자신의 내면을 들여다보고 돌볼 수 있는 방법을 안내했다. 팟캐스트로 옮겨온 후 감사하게도 광고나 홍보 없이 꾸준히 구독자가 늘어났다.

우리가 처음으로 구독자들에게 유료로 실행했던 프로젝트는 '아침 도시락 배달'이었다. 눈 뜨자마자 헐레벌떡 출근하는 나 혹은 사랑하는 사람에게 팟캐스트를 통한 음성 편지와 함께 실물 도시락을 전달하는 일이었다. 샌드위치 가게와 제휴를 맺고 목적지마다 배달 기사님을 섭외하고 편지와 도시락을 하나하나 무사히 배달하는 데에 책정한 금액은 1만원이었다. 이 프로젝트를 통해 감동적인 리뷰를 받은 것은 기쁜 일이었지만 남는 수익은 0원이었다.

하고 싶은 일을 할 수 있었지만 그것이 돈까지 벌 수 있는 일인가는 고민하지 못했고 그 결과는 고스란히 내가 책임져야 할 몫이었다. 함께 일하는 분들에게 줄 수 있는 월급이 두 달 치 정도 남았을 때 이별을 준비했다. 경제 논리를 너무나도 몰랐던 나는 순진했던 만큼 아팠다. 우울증을 진단받았고 앞으로 어떻게 해야 할지 막막한 하루들이 이어졌다.

사람들의 마음 건강을 돌보는 일을 하다가 내 마음

건강이 망가지자 정신이 번쩍 들었다. 창업 2년 차였다. 하던 일을 잠시 접어두고 심리 상담과 정신과 치료를 받기 시작했다. 창업을 시작하며 불안 관리를 위해 배워두었던 명상도 본격적으로 수련하기 시작했다. 스스로에게 충분한 시간을 주며 전문적인 치료를 병행하자 다행히도 몸과 마음이 천천히 회복되기 시작했다. 그때는 이렇게 회복하는 과정 자체가 다음 사업의 방향이 될 줄은 전혀 눈치채지 못했다.

마음이 병들고 또 회복하는 경험을 하자, 주변 많은 청년이 정신적으로 어려움을 겪고 있다는 것이 보이기 시작했다. 지금은 다양한 정신 건강 서비스가 생겨서 많은 사람이 도움을 받고 있고 사회적으로도 공론화되고 있지만, 당시만 해도 "나 심리 상담받아." "나 정신과 치료받고 있어."라고 하면 좋은 시선을 받기 어려웠다. 그때문인지 적절한 시기에 적당한 치료를 받지 못해서 더욱 어려운 상황으로 빠져드는 경우도 있었다.

'마음 건강'에 대한 인식을 바꾸고 싶었던 나는 좀 더 직접적으로 이 문제를 풀어보기 위해 나섰다. 심리 상담이나 병원 치료 같은 전문적인 영역으로 가기 전에 일상적으로 마음을 돌볼 수 있는 '마음 헬스장' 같은 곳을 만들어보기로 했다. 요가, 명상, 상담이라는 콘셉트로 마음 건강을 위한 요가 수업을 열었고, 어렵게만 느껴지는 명상을 '멍상'이라는 쉬운 언어로 풀어서 배울 수 있게 도왔다. 수업할 공간이 따로 없어서 장소를 대여해야 했는데 정규 수업이 조금씩 늘어나자 공간 대여비가 직접 공간을 임차하는 것보다 더 많이 나오는 상황이 생겼다.

운이 좋게도 남산 아래 '소월로'라는 예쁜 이름을 가진 동네에서 8평짜리 2층 건물을 발견했다. 마침 집 계약도 만료되는 시점이라 거처까지 모두 그곳으로 옮기기로 했다. 1층은 마음 헬스장 센터로 쓰고 2층은 나와 J가 같이 지낼 공간으로 안성맞춤이었다. 미디어가 공간을 갖는다는 것은 많은 말을 하지 않아도 단숨에 전할 수 있는 이미지가 생기는 일이었다. 그동안 콘텐츠를 만드는 일에 갈급함이 있었던 터라 매력적인 선택지처럼 보였다. 하지만 당시 통장에는 딱 한 달 월세를 낼 수 있는 금액만 겨우 남아 있었다. 마음이 동한 것과는 다르게 임대 계약을 하기까지 머뭇거릴 수밖에 없었다.

고민 끝에 우리는 겸허한 마음으로 사업 제2막을 열었다. 공간을 정비해 본격적으로 명상 수업을 연 첫 달, 등록한 사람은 한 명이었다. 우리는 그 한 사람만을 위해 콘텐츠를 기획하고 매만졌다. 신발을 벗고 들어오는 순간부터 다시 뒷모습을 보이며 멀어질 때까지의 경험을 설계하고 매주 업데이트했다. 한 달이 지나자 수강생은 두 명으로 늘었다. 이번에는 두 사람을 위한 콘텐츠를 만들었다. 두 사람이 만들어내는 호흡을 정교하게 읽어내고 '이 두 명에게 어떻게 하면 도움이 될 수 있을까'가 시대의 화두인 사람처럼 지냈다. 그해 5월에는 무료로 4주간 명상을 공부해볼 수 있는 '프리 명상'을 기획했는데 300명이 넘는 20~30대 사람들이 공간을 방문했다. 갑작스러운 숫자였지만 단체가 아닌 개개인을 대하는 마음으로 한 분 한 분을 모셨다. 부드럽게 눈을 맞추며 인사를 건넸고 한 번 오신 분들은 이름을 모두 외웠다. 일단 방문자 수가 늘어나자 정규 수업에 등록하려는 사람도 자연스럽게 늘어났다. 그렇게 우린 2년이라는 시간 동안 차근차근 사업을 다져나갔다. 동네 카페에 가는 것이 유일한 여행이었던 그때, 우리는 이틀에 한 번 먹던 카페라테를 매일 한 잔씩 먹을 수 있는 정도로 돈을 벌게 되었다.

정직한 대가였다. 너무 많지도 적지도 않은 돈을 벌게 된 것이 감사했다. 사업을 시작하고 처음으로 제대로 돈을 번 경험이었다. 대개 무언가를 낙관하는 습관을 가진 사람은 경제 사정에 대해서도 비현실적으로 낙관해버리는 경향이 있는데 내가 그랬다. 이 상황이 지속되거나 분명히 더 나아질 거라는 낙관을 품었다.

그러나 상상도 못 한 일이 일어났다. 코로나라는, 전에 없던 팬데믹이 시작된 것이다. 모든 수업을 중지할 수밖에 없었다. 이후 명상 센터는 꽤 오랜 기간 문을 닫아두어야 했다. 그해 여름은 왜 그렇게 비도 많이 내렸는지. 54일간 멈추지 않고 비가 내리자 삼면이 막힌 40년 된 건물에는 곰팡이가 창궐했다. 끝까지 맞서 싸우고 싶었지만 같이 사는 강아지 피부에까지 곰팡이가 옮겨가자 이제 떠날 때가 된 것 같다는 마음이 들었다.

돈 버는 일은 정원을 가꾸는 일과 같다. 씨앗을 심어놓고 며칠 새 왜 꽃이 피지 않느냐고 불평을 해봤자 소용없다. 몇 주, 몇 달… 물을 주고 볕을 맞고 바람이 통하는 일이 정성스럽게 지속되어야 선물처럼 싹이 튼다. 명상 수업에 한 명이 왔을 때 나는 씨앗을 심는 마음이었다. 조급한 마음이 없었다면 거짓말이겠지만 그때 할 수 있는 일은 씨앗을 돌보는 일이지 꽃을 감상하는 일이 아님은 분명했다. 옆집 정원에 활짝 핀 꽃을 보며 내 정원이 볼품없어 보이는 순간도 있었지만 정직하고 꾸준하게 정원에 물

을 쳤다. 아무것도 없던 흙 위에 고개를 내민 아기 싹을 처음 봤을 때의 마음은 여전히 잊지 못한다. 하지만 정원은 그리 쉽게 아름다워지지 않는다. 어떤 분야든 단번에 성공하는 사람은 없다. 반드시 실수가 있고 어려움이 생긴다. 예상치 못한 긴 장마나 태풍, 가뭄에도 흔들리지 않고 정원을 지킬 수 있는가, 아닌가는 정원을 가꾸는 일만큼 중요하다. 이제는 아름다운 정원을 볼 때 주인이 얼마나 많은 노력을 했을지 상상하게 된다.

코로나라고 언제까지 손 놓고 지낼 수는 없었다. 우리가 할 수 있는 일을 찾아 시작했다. 모든 수업을 온라인화하고 아침 30분, 저녁 30분 온라인 라이브 클래스도 열었다. 첫 달에 40명, 그다음 달에 70명, 그리고 시즌을 종료할 때쯤 100명의 고객을 확보했다. 한 명에서 시작한 싹이 100명이 되자 우리 서비스에 관심이 생긴 투자자를 만나게 되었다. 사업을 더 크게 키울 수 있게 도와주겠다고 했다. 첫 번째 투자는 아무것도 모르고 받았지만 두 번째 투자 제안 앞에서는 신중해질 수밖에 없었다. 투자금은 무서운 종류의 돈이었다. 필요한 곳에 적절하게 쓰이지 않으면 자칫 서비스가 우리의 바람대로 가지 않을 수도 있었다.

　그때 우리는 투자사와 대화를 정말 많이 나눴다. 우리의 속도를 존중해줄 수 있는지, 느리게 성장하더라도 결코 재촉하지 않을 수 있는지를 묻고 또 물었다. 아마 이 대화를 통해 합의를 내지 못했다면 아무리 큰 금액이어도 투자를 받겠다고 결정하기는 어려웠을 것이다. 우리가 염두에 두던 원칙은 3S였다. 빠르고Speed, 크고Scale, 짧은Short 성장 곡선이 아니라, 느리고Small, 작더라도Small, 지속 가능한Sustainable 성장을 하겠다는 원칙이었다. 우리 서비스는 당신들이 생각하는 것과는 다르다는 것을 충분히 설명하고, 납득시킨 후에야 투자 유치를 결정할 수 있었다. 투자 덕분에 우리는 서비스를 함께 성장시킬 능력 있는 분들을 모실 수 있었고, 다시 한 번 함께 일하는 기쁨과 즐거움을 누릴 수 있었다.

2016년
첫 취업(언론사)

사이드 프로젝트 시작

2017년
퇴사 & 첫 사업 시작(문장 배달 서비스)

첫 투자 유치

2018년
팟캐스트 & 유료화 서비스 시작(아침 도시락 배달)

2019년
명상 센터 〈왈이네〉 오픈

코로나 팬데믹

2020년
온라인 명상 프로그램 운영

두 번째 투자 유치

2021년
일단 멈춤

2022년 2월
〈캐시플로우서울〉 운영

2022년 9월
모바일 명상 앱 〈멍상〉 개발 시작

현재는 어떤 모습일까

이 일을
더는 못할 것 같아

　　더 큰 성과를 내기 위해 투자금을 유치했지만, 1년 후 우리는 결과적으로 기대에 미치지 못하는 성적표를 받았다. 중고 마켓에 책상과 모니터를 팔고 사무실 정리를 빠르게 마쳤다. 실패에 대한 애도 시간을 가지는 것도 사치스럽게 느껴졌기 때문이다. 함께 일하던 팀원들에게 우리에게 시간이 얼마 남지 않았음을 최대한 정중하게 고하던 날은 모두에게 아픈 기억으로 남았다. "이 시간이 이렇게 빨리 올 줄은 몰랐어요." "조금만 더 하면 될 것 같은데 정말 아쉬워요." "그동안 여기에서 일했던 기억을 잊지 못할 것 같아요." 내용은 달랐지만 아쉽고 슬픈 마음은 하나였다. 왜 또 나에게 이런 일이 일어난 걸까.

위기가 찾아왔을 때 피하고 싶은 마음은 자연스러운 것이지만 그것이 대개 지혜로운 해결책으로는 이어지지 않는다. 이제는 알지만 어려운 상황이 닥쳤을 때 그 점을 기억하기란 여간 어려운 일이 아니다. 나는 도망가려고 했다. 일의 불확실함으로부터, 삶의 불안함으로부터, 복잡한 문제 풀기로부터. 사무실을 정리하고 팀을 해산한 후 3개월이 지나자 그동안 돌보지 않았던 마음들이 쓰나미처럼 몰려왔다.

도망은 본능에 가까운 행동이었다. "이 일을 더는 못 할 것 같아. 이제 돈을 벌고 싶어." 하나뿐인 동료를 앞에 두고 이 말을 내뱉자 적막이 남았다. 돈을 벌고 싶으니 이 일은 아니라는 말은 잔인하게 들렸다. 지금까지 우리가 해온 일들이 무성 영화처럼 스쳐 지나갔다. 그사이 나는 30대가 되었다. 가까운 친구들이 하나둘 결혼하고 아이를 낳았다. 누군가는 집을 샀고 누군가는 부모님께 매달 용돈을 얼마씩 드린다고 했다. 내가 여전히 당장 다음 달을 어떻게 지내야 할지 걱정하는 동안 주변은 많이 달라져 있었다. 나의 도망을 합리화할 수 있는 상황은 쉽게 찾을 수 있었다.

그렇게 150일간의 경제적 방황이 시작됐다. '어떤 일을 통해' 돈을 버는지가 더 중요하다고 말하며 5년 전 호기롭게 퇴사를 하고 창업했지만, 이제는 어떤 일이든 '돈을 버는 게' 더 중요해졌다. 나는 돈이 흐르는 곳에 가고 싶었다. 돈이 어떻게 움직이는지 보고 싶었다. 부동산 경매 강의를 듣거나 부동산 중개업 회사 소개에 참석했다. 생활비를 벌기 위해서 오후 3시부터 6시까지 태권도장 등하원을 도와주는 아르바이트를 잠시 하기도 했다. 유튜브에서 경제 강의를 하는 파이어족들의 삶을 동경하며 퀀트 투자에 관심을 갖기도 했다. 나의 첫 경제 공부는 중구난방이었다. 어떤 것부터 익혀야 할지 모를 만큼 돈에 대한 모든 정보가 새롭고 중요해 보였으며 알면 알수록 마음만 더 조급해졌다.

그러던 어느 날, 서점에서 생전 돌아보지 않던 경제 코너에서 기웃대다가 마침 출간 20년을 기념하며 개정판을 낸 《부자 아빠 가난한 아빠》를 사서 돌아왔다. 이 책은 이미 읽었다는 착각이 들 정도로 유명한 책이었지만 한 번도 진지하게 접근한 적은 없었다. 책을 다 읽고 나자 이 책을 20대에 만났더라면 어땠을까 후회가 드는 동시에, 그때는 절박하지 않았으므로 그냥 책장에서 먼지만 쌓였을 것 같다는 결론에 도달했다. 지금 읽은 것이 여러모로 다행스러웠다. 언제나 기회는 찾아오지만 기회를 변화로 만들어내는 것은 의지의 영역이 아닐까? 책의 마지막 장을 덮자 이번 기회를 변화로 만들어낼 수 있을 거라는 강한 확신이 들었다.

진짜 욕구와 가짜 욕구
구분하기

압구정의 한 베이글 집 앞에 사람들이 구름처럼 몰려 있었다. 무슨 일인가 하고 가까이 가보았더니 모두 베이글을 사러 온 사람들이었다. '그렇게 맛있나?' 전혀 베이글을 먹을 생각이 없었는데 괜히 한번 먹어보자 싶어 대기 신청을 했다. 포장 주문을 요청했음에도 한 시간 넘게 대기해야 한다고 하길래 결국 포기했다. 그 이후에도 가끔 그 베이글이 생각났다. 근처를 지나가며 다시 줄 서기에 도전했는데 여전히 사람이 많아서 실패했다. 나는 그 베이글이 왜 그렇게 먹고 싶었을까? 많은 사람이 좋아하니까 나도 분명 좋아할 거라고 착각했던 것 같다. '다

른 사람들이 다 하니까 나도 해보고 싶다'는 마음에 가까
웠던 것이다.

이렇듯 남들이 좋다고 하는 것이라면 나도 좋을 거
라고 막연히 생각하는 것은 가짜 욕구다. 가짜 욕구에 가
려 진짜 욕구는 잘 보이지 않는다. '나'를 주어로 내가 정
말로 원하는 것을 구체적으로 알 때 비로소 진짜 욕구를
찾았다고 할 수 있다.

《숲속의 자본주의자》에 "크리스마스 선물을 통해서
누리고 싶은 기분은 정확히 무엇인가?"라는 문장이 나온
다. 여기서 크리스마스 선물은 가짜 욕구에, 누리고 싶은
기분은 진짜 욕구에 가깝다고 할 수 있다.

잠시 일을 쉬고 있는 동안 나는 '진짜 욕구'와 '가짜
욕구'를 구분하기 위해 애썼다. 처음 해보는 일이었다. 몇
년간 내가 무엇을 원하는지 정확하게 모르는 채 사람들이
달려가는 쪽으로 쉽게 휩쓸렸다.

투자를 받는 게 대부분의 사람이 보기에는 좋은 일
이겠지만 그게 나에게도 정말 좋은 일이었나? 크게 성공
한 기업을 만드는 게 많은 사람에게 찬사를 받는 일이긴
하지만, 그게 정말 내가 원하는 방향이 맞는가? 좋은 학

교, 좋은 직장에 다니는 것이 나에게는 얼마나 의미 있는 일이었나? 그동안 내렸던 선택들에 대한 질문이 쏟아졌다. 그리고 마지막으로, '어떤 일이든 간에 이제는 무조건 돈을 많이 벌고 싶다'는 욕구는 어떠한 진짜 욕구에 가려진 가짜 욕구인지 궁금해졌다. 하던 일을 멈추자 비로소 욕구를 직시할 수 있는 기회가 생긴 것이다.

돈을 많이 벌고 돈에 대해 알아가고 싶어 하는 강한 욕구를 억압하는 게 아니라, 그 욕구가 어떻게 생겨났는지 진실하게 들여다보려고 했다. 나는 내가 만든 브랜드를 통해 꾸준히 메시지를 전하는 사람으로 남고 싶었다. 그리고 그러기 위해서는 돈이 없어서는 안 된다는 걸 뼈아픈 경험으로 깨달았다. 브랜드를 통해 하고 싶은 이야기를 하는 것, 이것이 나의 진실된 욕구였다. 돈은 지속하기 위해 필요한 조건이었다. 이 단순한 명제가 뒤바뀌면 '돈을 벌기 위해 브랜드가 필요하다'가 되어버린다. 그건 내가 원하는 게 아니었다. 욕구를 정확하게 파악하지 못한 과거에는 나에게 좋지 않은 선택들을 자주 내리기도 했다.

하고 싶은 이야기를 계속하기 위해서 굳이 외부 투자를 받을 필요는 없었다. 그 일은 돈을 더 많이 벌게 해줄 기회일지는 몰라도 주체적으로 메시지를 전달할 기회는 점점 줄어들게 했다. 많은 사람이 더 많은 투자금을 원한다고 하더라도, 나는 아니었다.

가짜 욕구가 진짜 욕구보다 앞섰을 때 가장 중요한 것을 잃어버릴 뻔했다. 돈을 많이 벌고 싶었던 것은 결국 나의 일을 지속하기 위해서였는데 일을 포기하는 것을 선택하려 했으니 말이다. 욕구를 분명하게 구분하자 다음 스텝이 쉬워졌다. 다만 이것 아니면 저것이라는 식으로 결론을 내지 않으려고 노력했다. 새가 한쪽 날개로 날 수 없듯이 돈을 버는 것과 나의 일을 지속하는 것은 양쪽의 날개 같은 거라고 생각했다. 돈을 '많이' 벌 필요는 없었다. 많은 돈보다 나에게 더 중요한 것은 '지속 가능한 정도'를 찾는 것이었다. 표면에 있는 가짜 욕구를 덜어내고 내면에 있는 진짜 욕구를 들여다보면서 점점 외부의 기준이 아니라 내 안의 기준을 따르게 되었다. 많은 사람이 저 가게의 베이글을 원해도 나까지 원할 필요는 없다. 사실 나는 베이글을 즐기는 사람이 아니다. '대기 등록을 취소하시겠습니까?' 하는 안내 문구에 가벼운 마음으로 YES를 눌렀다.

나는 어떤 삶을 원할까?
- 일

창업 초반에는 스타트업의 문법을 좇았다. 《제로 투 원》,《OKR 전설적인 벤처투자자가 구글에 전해 준 성공 방식》,《하드씽》 같은 책을 읽으면서 스타트업이 추구하는 가파른 성장 곡선에 나를 끼워 맞추려고 했다. 창업 4년 차였던 2021년 하반기, 선택의 기로에 섰을 때 나는 후속 투자 유치에 노력을 기울이며 빠르고 큰 성장을 추구하며 일하기보다는, 작은 규모의 사업 형태로 방향을 전환하여 속도 조절을 하기로 결정했다.

wal.youngeun

wal.youngeun 후속 투자 유치를 하지 않기로 결정했다. 스타트업으로서 정체성을 벗겠다는 의미다. 성장, 성장만을 외치며 다음, 다음으로 내모는 환경에서 뒤돌아 나오겠다는 말이다. 우리가 생각하기에 더 중요한 것들을 놓치지 않기 위해서 잊지 않기 위해서. 어떤 결정들 앞에서 왜라는 질문은 무의미하다. 진정한 모습은 능력이 아니라 선택에서 나타나기 때문에.

2021. 9. 10 SNS에 업로드한 글

"후속 투자 유치를 하지 않기로 결정했다. 스타트업으로서 정체성을 벗겠다는 의미다. 성장, 성장만을 외치며 다음, 다음으로 내모는 환경에서 뒤돌아 나오겠다는 말이다. 우리가 생각하기에 더 중요한 것들을 놓치지 않기 위해서 잊지 않기 위해서. 어떤 결정들 앞에서 왜라는 질문은 무의미하다. 진정한 모습은 능력이 아니라 선택에서 나타나기 때문에."

이로써 외부의 시선으로 우리를 정의하는 시기가 끝났다. 회사를 처음 퇴사했을 때도 그랬지만 앞으로는 점점 더 자기소개나 내가 하는 일에 대한 소개가 장황해질 터였다. "그러니까 제가 하는 일은…" 나는 나의 일을 스스로 정의해야만 했다. 내가 생각하기에 더 중요한 것들을 고민했다. '어떤 일을 하고 싶은가?'라는 질문만큼 의미 있는 것은 '어떻게 일하고 싶은가?'였다. 그동안 일은 정말로 내 삶의 전반적인 모습을 결정해왔다. '어떻게'에 초점을 맞추면서 세 가지 분명한 기준을 정할 수 있었다.

1. 천천히

성장의 시간과 속도를 스스로 결정하기를 바랐다.

외부의 압박이나 비교를 통해 부정적인 스트레스나 불안함을 동력으로 일하고 싶지 않았다. 이렇게 하기로 결정하는 건 확실히 지금보다는 느린 쪽이었다. 사실 빠르고 느린 속도보다 중요한 것은 그 속도를 내가 정했다는 것이다. 일이 나를 함부로 휘두르지 못하도록 했다.

2. 만족하면서

규모로써 성장을 평가하기보다는 내면의 충족감으로 그 변화를 감각하고 싶었다. 더 많은 상품, 더 많은 직원, 더 큰 사무실이 아니라 '이 일을 하면서 얼마만큼 더 행복해졌는가'가 중요했다. 그러자 지금보다 반드시 더 커져야 한다는 생각은 불필요해졌다.

3. 지속 가능하게

끝까지 포기하지 않을 수 있는 주제여야만 했다. 돈이 부족하더라도 말이다. 지속 가능한 비즈니스 시스템을 만들기까지는 시간이 걸리기 마련이다. 《승려와 수수께끼》라는 책에 나오는 말처럼 비즈니스를 정말로 지속 가능하게 만드는 것은 재정이 아니라 애정일지도 모른다.

진실로 절실하게 풀고 싶은 문제를 찾는다면 어려움이 연속으로 찾아와 무참히 괴롭혀도 쉽게 무릎 꿇지 않을 것이다.

일에 대한 내 안의 기준을 세우자 그동안 얼마나 못했는지보다 얼마나 잘하고 있었는지를 볼 수 있었다. 다시 나아갈 힘은 바로 거기서 솟아났다. 앞으로 내가 지침 삼을 책은 타인이 쓴 책이 아니라 내가 직접 써내려갈 '천천히, 만족하면서, 지속 가능하게'로 정했다. 원하는 일의 형태가 분명해지자 그것을 현실화하고 또 오랫동안 지켜나갈 수 있는 방법이 저절로 궁금해졌다.

나는 어떤 삶을 원할까?
- 관계

서비스 정식 론칭을 몇 주 앞두고 함께 일
하던 J가 많이 아팠다. 갑작스럽게 아픈 것이 아니라 오랫
동안 참고 참다가 이제 더 이상 일을 하기가 어려운 상태
가 되었다. J는 자신이 아픈 것보다 서비스 론칭을 걱정하
며 많이 힘들어했다. 우리 팀은 나, J, 그리고 P가 전부라 J
가 하던 일을 대체할 수 있는 사람이 없었고 대체할 수도
없다고 생각했다. J는 컴퓨터 앞에 수십 분 이상 앉아 있는
것조차 힘든 상태였다. 주 3일 이상 병원에 다니면서 재활
에 집중해야만 했다. J는 무리를 해서라도 어떻게든 마무
리할 테니 서비스 론칭을 미루지 않기를 바랐지만 나와 P

의 생각은 달랐다. 우리는 '오래 함께' 일하는 방향을 선택
했다.

서비스를 연기하느냐 마느냐를 결정하는 것보다 중
요한 것은 '어떤 과정을 통해' 결정하느냐였다. 우리 세 사
람은 당장 해결해야만 하는 몇 가지 현실적인 주제를 잠
시 미뤄두고 서로의 마음을 먼저 물었다. 문제 아래 숨겨
져 있던 연약한 마음들이 수면 위로 올라오자 눈물이 나
기도 하고 긴 침묵이 이어지기도 했다. 우리는 서로의 마
음이 천천히 포개어지고 있는 것을 느꼈다. 이것이 우리
팀의 문제 해결을 위한 첫 번째 순서였다. 그다음은 서비
스를 연기하게 되었을 때 뒤따라오는 어려움에 대해 구체
적으로 토론했다. 우리 세 사람은 J의 건강이 회복될 때까
지 잠시 쉬어가자는 결정을 내렸다. 서비스는 연기되었지
만 역설적으로 그 과정은 팀의 성과로 남았다. 깊은 신뢰
를 바탕으로 누구도 해치지 않는 안전한 대화를 나눌 수
있는 팀원들이 있음을 알게 되었기 때문이다. 어떤 어려움
이 다시 찾아온다 해도 함께라면 정말로 두렵지가 않았다.
서비스를 다시 론칭할 때가 되면 더 강한 팀으로 나설 수
있게 될 것을 확신했다.

연약한 모습이 서로 만날 때 비로소 관계가 깊어진다. 그동안 나는 여린 마음을 충분히 드러내고 받아줄 수 있는 관계를 소중하게 만들어왔다. 그건 단순히 칭찬이나 격려의 대화로 대신할 수 있는 것은 아니었다. 오히려 말없이 옆자리를 지켜줄 때 더 잘 느껴지기도 했다. 특히 삶에 어려움이나 곤란한 상황이 왔을 때는 그 차이가 극명하게 드러나곤 했다. 나는 결혼식에는 잘 안 가도 장례식에는 반드시 참석한다. 기쁜 일이 있을 때는 주변에 사람이 많지만 슬픈 일이 있을 때는 그렇지 않다는 걸 알기 때문이다.

두 번째 투자를 받기 전, 투자 심사 PT에서 받은 마지막 질문이 기억난다. "사업을 하다 보면 힘들거나 의견이 달라서 많이 싸우기도 할 텐데, 만약 창업자끼리 심하게 싸워서 회사가 위기에 처한다면 어떻게 하실 건가요?" 일이 되게 할 것인지, 아니면 관계를 남길 것인지 하는 날카로운 질문이었다. 예상하지 못했지만 내 안에는 확실하게 준비된 대답이 있었다. 투자사도 내가 이런 대답을 할 줄은 몰랐을 것 같다.

"일과 관계 중 하나를 선택해야 하는 순간이 온다면

저는 언제나 관계를 택할 겁니다. 일도 물론 중요하지만, 더 중요한 것은 가장 연약한 시기에 서로의 마음에 귀 기울여주고 안아주는 것입니다. 그 과정을 통해 더 나은 일을 할 수 있을 거라고 생각합니다."

나는 여전히 그때 했던 저 대답처럼 살고 있고 앞으로도 그럴 것이다. 서로의 불안정한 모습을 받아들이고 이해하는 것은 그 자체로 큰 위로며 살아갈 이유가 된다. '내 마음에 공감해주는 사람 한 명만 있어도 그 사람은 산다'는 말도 있다. 내 삶에서 가장 소중한 순간은, 서로에게 '그 한 사람'이 되어줄 때다.

나는 어떤 삶을 원할까?
– 생활 양식

'좋은 커피로 아침을 시작하는 것.' 내가 바라는 라이프 스타일은 이 한 문장으로 압축된다. 좋은 커피로 아침을 시작한다는 말에는 어떤 장면들이 숨겨져 있을까. 실제로 나는 아침 시간을 충분히 자유롭게 쓰는 편이다. 알람을 맞추지 않고 자도 아침 7~8시면 눈이 떠진다. 집밥을 간단히 차려 먹고 30분 정도 산책길에 오른다. 산이나 공원을 돌고 내려오는 길에 좋아하는 카페에 들러 커피 한 잔을 마신다. 그러면 10~11시 정도가 되는데 그동안 나를 재촉하는 사람이나 업무는 거의 없다. 가족과 동료에게 미리 양해를 구했고 오전까지 필요한 급한 일은 전날 저녁에 다 마무리해두었다. 내가 사는 동네도 한몫한다. 맛 좋은 카페가 많아서 오늘은 어디로 갈지 즐거운 고민을 하게 되기 때문이다.

1. 생각할 시간 갖기

《집의 일기》에 "나에게는 생각할 시간이 있다. 그것은 커다란, 가장 커다란 호사다."라는 말이 나온다. 좋은 커피로 아침을 시작한다는 것은 생각할 시간이 충분히 주어진다는 뜻이다. 잠을 깨기 위해 커피를 들이켜는 것이 아니라 맛과 향, 공간과 소리, 날씨를 즐기면서 천천히 마신다. 해야 할 일들이 압박감을 줄 때 오히려 능동적으로 일을 멈추는 시간을 가지면서 환기를 한다. 이때는 휴대폰을 보거나 책도 읽지 않는다. 커피를 마실 때는 의도적으로 커피만 마신다. 이렇게 틈을 만들면 미뤄두었던 중요한 고민이나 질문들이 자연스럽게 떠오른다. 답을 금방 찾을 수 있는 질문들은 아니지만 이렇게 생각할 시간이 있다는 것 자체가 삶에서 큰 힌트가 된다. 꼭 커피를 마시지 않더라도 좋아하는 공간에서 혼자만의 시간을 갖는 것은 매우 중요하다. 그제야 비로소 멀리 내다볼 수 있기 때문이다.

생각할 시간이 없으면 눈앞에 닥친 현실을 살아내느라 가짜 욕구에 속아 넘어갈 수밖에 없다. 하루 30분만이라도 고요히 내면의 욕구에 집중해보자.

2. 자연과 함께하기

커피를 마시기 위해 좋아하는 카페로 향하는 길, 카페로 바로 직진하기보다 동네 구석구석을 걷거나 야트막한 산을 올라 일부러 멀리 돌아간다. 나만의 산책길인 셈이다. 아스팔트 길을 벗어나 정비되지 않은 흙길과 바스락거리는 낙엽을 밟고, 도시 소음이 아닌 새가 지저귀는 소리를 듣는다. 그렇게 길을 걷다 숲속에 집을 짓고 살고 싶다는 꿈이 생겼다. 자연이 주는 안도감이 얼마나 큰지 실감하고 있기 때문이다. 실제로 미국 버클리 캘리포니아대 심리학과 연구팀이 실험을 했는데, 광활한 요세미티국립공원을 찾은 관광객에게 종이에 본인의 모습을 그리게 하니 다른 곳을 간 관광객보다 훨씬 작게 그렸다. 자기 자신을 거대한 자연에 속하는 작은 존재로 인식하게 된다는 것이다. 자연은 항상 내 문제에만 매몰되지 않도록 도와준다. 비슷한 꿈을 꾸고 있는 친구들과 함께 숲속에 '스몰하

우스'를 짓고, 크고 비싼 설비들은 같이 공유하는 형식은 어떨까 구체적으로 고민하고 있다. 좋은 커피를 마시기 위해서는 너무 외딴 숲이면 안 되겠지만.

3. 남과 비교하지 않고 정신적 자유 찾기

좋은 커피로 아침을 시작하는 것은 정신적 자유를 소중하게 생각한다는 뜻이다. 아침을 느긋하게 시작하는 데에는 생각보다 많은 용기와 명확한 신념이 필요하다. 하루는 월요일 아침 8시에 트레이닝복을 입고 강아지와 함께 산책을 나가는 길에 정장 차림의 출근길 무리와 마주쳤다. 바쁜 걸음을 재촉하는 사람들과는 달리 반대쪽으로 천천히 걸어가면서 생각에 잠겼다. 내가 혹시 잘못 살고 있는 건 아닐까? 나도 저렇게 바쁘게 열심히 살아야 하는 건 아닐까? 하지만 내 선택도 하나의 해답이 될 수 있다는 걸 어떻게 증명하지? 스스로를 쉽게 판단하고 다른 사람과 비교하면서 조금 괴로웠다. 그때 지인으로부터 문자 한 통을 받았다.

출근길에 이런 문구를 봤어.

'밥은 먹었니?
내리는 눈도 보았니?
산다는 게 그런 기쁨 아니겠니?'

내 마음의 소리를 들은 것처럼 때마침 이런 문자를 받은 게 신기했다. 길을 걸으며 짧은 문구를 읽고 또 읽었다. 나는 내 삶을 진정으로 기쁘게 만들어주는 것에 대해 충분히 생각하고 또 실천해나갔다. 못한 것, 못 가진 것, 없는 것에 초점을 맞춰 끊임없이 채찍질하기보다 잘하고 있는 면, 주어진 것에 감사하면서 잘 지내고 있었다. 그렇게 비교를 멈추고 원래 내가 가려던 방향으로 끝까지 걸어갔다.

나에게 중요한 것은
무엇일까?

　　이러저러한 옷을 많이 사보고 입어보아야 나에게 잘 맞는 스타일이 무엇인지 알 수 있듯이, 창업을 하고 또 돈에 대해 알아가면서 했던 많은 경험은 그 성공 여부와 상관없이 내가 어떤 사람인지 알 수 있게 도와주었다. 어떤 경험은 무척 아파서 다시는 하고 싶지 않지만 그렇기 때문에 빨리 실패해본 것이 다행이라고 느껴지기도 했다. 회사를 나와 사업을 시작하면서 일은 삶을 영위하기 위한 단순한 돈벌이 수단이 아니라, 끊임없이 내가 하고 싶은 것이 무엇인지 물어봐주는 질문이었다. 일에 대한 고민이 삶에 대한 고민으로 이어지면서 어떤 일을 선택하느냐가 삶의 많은 부분을 결정짓는다는 것도 알게 되었다. 예를 들어 회사가 어디에 위치하느냐에 따라 내가 사는 동네가 정해지기도 하고, 어떤 동료와 같이 일하느냐에 따라 나의 가치관 형성이 영향을 받기도 했다.

"이봐, 해봤어?" 현대그룹 초대회장 정주영 회장이 자주 했던 말이라고 한다. 내가 무엇을 원하는지 알아보는 방법 중 가장 유효했던 것은 직접 해보는 것이었다. 상상에서 그치지 않고 진짜 그 삶을 살아보는 것이다. 이 옷이 보기에만 예쁜지 나에게도 잘 어울리는지 직접 입어봐야 알 수 있는 것처럼 말이다. 그런 의미에서 창업 환경은 무엇이든 해볼 수 있게 가능성을 열어주는 무한한 운동장이었다. 나는 불가능해 보이는 일에도 우선 달려들고 보았다. 그렇게 6년간 일곱 가지 서비스를 만들고 또 여덟 번째 서비스를 준비하면서 점점 더 내가 원하는 것이 무엇인지 선명해지고 있었다.

누군가는 나를 실패한 창업가로 볼지도 모른다. 그것은 외부의 기준으로만 판단했을 때 그렇다. 몇몇 창업가처럼 규모 있는 사업 시스템을 만들어 투자금 회수EXIT를 하고 큰돈을 손에 쥐지는 못했으니까. 내 안의 기준은 그

것과 전혀 다르다. 내가 원하는 일, 관계, 생활 양식을 자주 생각하며 내가 진정 원하는 삶이 맞는지 스스로에게 질문했다. 나는 이 질문들에 언제나 'YES'라고 답하며 걸어왔다.

나에게 큰 규모의 사업과 투자금 회수보다 중요한 것은 내면의 목소리에 진실한 상태로 존재하는 것, 가까운 사람들과 함께 의미 있는 활동을 하는 것, 고객의 변화를 관찰할 수 있는 거리에 있는 것이었다. 이런 주관적 기준은 하루아침에 생겨난 것이 아니다. 처음 창업을 하고 매출에 대한 생각 없이 안일하게 지내다가 동료들을 떠나보냈던 적도 있고, 억대 투자를 받고 매출 달성에만 매달리다가 방향을 잃어 사업이 휘청거렸던 적도 있다. 아픈 실패의 경험이지만 직접 겪어보고 성찰하지 않았다면 여전히 내가 무엇을 중요하게 생각하는지 나만의 기준을 세우지 못한 채 외부 기준에 휘둘리고 있었을지 모른다.

또 누군가는 나를 경제적 자유를 이루지 못한 낙오자라고 할지도 모른다. 100억원을 모으지 못했으니까. 100억원을 모으더라도 200억원을 모으지 못했다면 다시 낙오자가 되기도 한다. 이 게임에는 승자가 없다. 외부나

타인에게 기준을 두면 끝없이 실패자가 되는 게임이다. 경제적 자유를 이루겠다는 목표를 세울 때, 단순히 자산 목록을 만드는 것보다 우선되어야 할 일은 내 안의 기준을 만드는 일이다. 내가 어떨 때 진정으로 행복감을 느끼는지 파악해야 한다는 것이다. 그 과정은 쉽지 않다. 차라리 압도적으로 돈을 많이 버는 게 더 쉬울 수도 있다. 그럼에도 불구하고 계속 시도해볼 가치가 있는 이유는 그것만이 나를 '자유롭게' 하기 때문이다. 우리 모두가 다 다른 기준을 갖고 있다는 것을 전제한다면, 지방 소도시에 살며 자신만의 속도로 지속 가능한 삶의 시스템을 만든 사람과 강남의 빌딩 주인 중 누가 더 빨리 경제적 자유를 이루었다고 말할 수 있을까. 쉽게 판단할 수 없는 일이다.

원하는 삶을 살기 위해
필요한 것

'나는 어떤 삶을 원할까?'라는 물음에 대한 해답을 찾고 나자, '원하는 삶을 살기 위해 어떤 정신적, 물질적인 뒷받침이 필요한가?' 하는 물음이 생겨났다.

정신적인 뒷받침은 자신의 내면 기준에 알맞은 일과 관계 그리고 생활 양식을 꾸릴 때 완성할 수 있다. 물질적인 뒷받침은 외부의 위협으로부터 삶을 지켜내기 위한 최소한의 장치이자, 개인을 넘어 사회적으로 더 큰 꿈을 이룰 수 있게 돕는 발판이다. 이 두 가지는 상호 보완하며 원하는 삶을 이룰 수 있게 돕고 나아가 진정한 자유로움을 느낄 수 있게 한다.

나는 현재 정신적 자유를 이루었다. 서두르지 않고 내 속도에 맞춰 살아가며 서로의 연약함을 드러내고 받아들일 수 있는 인간관계를 구축했으며, 하루에 네 시간 이상 자연을 걸으며 사유하는 시간을 누리고 있다. 이 삶은 내가 오랜 시간 원하고 구했던 삶이다.

그리고 나는 현재 물질적 자유를 이루는 과정에 있다. 사업과 투자를 통해 자산이 형성되고 또 불어나는 '시스템'을 만드는 데 집중하고 있다. 단순히 '어떻게 하면 더 높은 월급을 받을 수 있을까'가 아니라, 월마다 해마다 자산 시스템을 통한 수입이 얼마큼 더 늘어날 수 있는지 지속 가능성 구축에 신경쓰고 있다. 지금은 주먹만 하게 뭉친 눈이지만 분명히 점점 더 커다란 눈덩이가 될 것이다.

2019년부터 현재까지 운영하고 있는 명상 교육 브랜드 〈왈이네〉 사업은 하나의 시스템으로 자리 잡았다. 두 달 간격으로 운영하는 '불안 완화 트레이닝' 프로그램은 매번 정규 인원이 빠르게 마감되고, 대기자로 등록하는 인원도 정규 인원의 50%로 증가했다. 공식 프로그램 수료 후 수강이 가능한 클래스인 '위클리 시팅weekly sitting'의 경우 재등록률이 평균 60%로 매우 높은 편이다. 1년에 6번

공식 프로그램을 수료한 수강생들이 배출되고, 열 명 중 여섯 명이 다음 프로그램에 재등록함으로써 분기별 수입 은 평균 40%씩 증가하고 있다. 공식 프로그램의 수료자 가 증가하면 다음 프로그램 등록자도 그만큼 늘고 수입도 꾸준히 증대한다. 근 3년 내에는 또 하나의 자산 역할을 해줄 사업체를 개발하기 위해 노력하고 있다. 모바일 명 상 앱 〈명상〉이다. 명상 콘텐츠를 매월 유료 구독하는 형 태로, 하나의 콘텐츠로 다수에게 가닿을 수 있다는 장점이 있다. 이 두 가지 사업체를 통해 근로 소득에서 자산 소득 으로 넘어가는 것이 나의 목표다.

경제 왕초보를 위한 보드게임 모임 〈캐시플로우서 울@cashflowseoul〉을 운영한 지는 1년 6개월이 되었다. 매달 두 번의 게임 데이를 열고 평균 여덟 명의 게이머가 유료 로 참석한다. 현재까지 약 320명의 게이머가 다녀갔으며 매달 꾸준히 평균 50만원의 부수입을 얻고 있다. 더 많은 모임이 동시에 진행될 수 있도록 '게임 티처 코스'를 개발 해 열 명의 티처를 배출했다. 티처 배출 후에는 기업이나 학교 등 대형 강의를 수주할 수 있게 되었다. 단순 취미 모 임으로 시작했지만, 앞으로는 경제 커뮤니티로 성장하여 안전한 정보 공유와 교류의 장으로 만들 계획이다. 취미를 통해 얻은 부수입은 2차 전지 등 관심 있는 주식에 매달 적립식으로 투자하면서 자산화해나가고 있다.

그동안 저축해둔 수입의 50%는 재건축 예정인 소형 아파트에 투자하여 매월 임대 수익을 얻고 있다. 투자 대비 수익률^{ROI}은 4%다. 수익은 '꿈 통장'에 적금 형식으로 저축하고 있다. 꿈 통장은 통장 나누기의 하나로 여행, 숲 구매, 집 짓기 같은 장기 목표를 이루기 위한 저축 통장이다.

사업체 운영과 취미를 통한 수입 증대 그리고 꾸준한 저축과 투자는 노동으로 얻은 수입에서 그치지 않고 자산 시스템을 구축할 수 있도록 도와준다. 자산 소득을 통해 이룬 물질적 자유는 곧 시간적 자유로도 이어진다. 앞으로 나는 더욱 여유로워질 것이다. 이 책을 통해 자신만의 정신적, 물질적 자유의 기준을 세우고 구체적인 경제 활동을 계획해보길 바란다. 꾸준히 실천하면 진정으로 원하는 삶에 한 발짝 더 다가서게 될 것이다.

2장

돈이 사람이라면 나와
어떤 관계를 맺고 있을까?

: 캐시플로우 게임을 하며 돈과 친해지기

게임 한 판이
나를 유쾌하게 무너뜨렸다

두 번째 투자금이 모두 바닥이 난 그해 연말에는 고향에 내려가지 않았다. 무슨 말을 해도 눈물이 왈칵 쏟아질 것 같았기에. 연말을 혼자서 보낸다고 하자 엄마는 근처에 있는 이모 집에 가서 외롭지 않게 보내라고 당부를 했다. 이모 집에 도착해서 정성스럽게 준비해주신 따뜻한 음식을 듬뿍 먹었다. 감사하게도 우리 가족은 나를 신뢰하는 편이고 부담을 주는 걸 경계하는 편이라 요즘 내 사업이 어떻게 되어가고 있는지 물어보는 일은 거의 없다. 그래도 가족은 가족인지 물어보지 않아도 느껴지는 게 있었나보다. 몇 년 동안 해왔는데 이렇다 할 성과 없이 또 한 번의 연말을 맞이한 조카의 축 처진 어깨를 바라보던 이모가 "영은아, 보드게임 한 판 할래?"라며 입을 뗐다.

이모는 유아 교육 강사로 일하고 계시는데 최근에 새롭게 경제 게임 교육을 받았다고 했다. 아이들을 가르치려고 배운 경제 게임인데 어른들에게도 무척 도움이 되는 것 같다고 설명하면서 보라색 게임 상자를 꺼냈다. '캐시플로우CASH FLOW'라고 적힌 상자는 《부자 아빠 가난한 아빠》의 저자 로버트 기요사키가 금융 교육을 위해 만든 보드게임이었다. 이모는 나에게 이 게임을 가르쳐준 분을 소개해주고 싶다고 했다. 누군가를 만날 기운이 없었지만 이 기회는 놓치면 안 될 것 같다는 생각이 들었다.

2022년 1월 15일이었다. 게임 한 판이 나를 유쾌하게 무너뜨린 날. 이모가 소개해준 분을 만났고 함께 캐시플로우 보드게임을 했다. 캐시플로우는 재무제표를 읽고 쓰며 자산을 구매하고 부채를 활용하는, 돈이 어떻게 움직이고 돈을 어떻게 운용해야 할지 경험으로 체득할 수 있는 압축된 현실이었다.

게임 룰은 간단하다. 카드를 뽑아 직업을 고르고 정해진 수입, 지출, 자산, 부채 등에 따라 재무제표를 쓴다.

보드판을 보면 안쪽에는 생쥐 레이스, 바깥쪽에는 부자 레이스가 있다. 처음에는 생쥐 레이스에 말을 놓고 시작한다. 정해진 차례에 주사위를 굴리고 매달 들어오는 월급을 모아 시드머니(투자를 시작하기 위한 돈)를 만들고 기회가 오면 부동산이나 주식, 사업체, 땅 같은 자산을 구입한다. 각종 자산을 모아서 자산이 나에게 가져다주는 수입이 지출보다 클 때 비로소 생쥐 레이스를 탈출하여 부자 레이스로 갈 수 있다. 즉, 자산 소득이 지출보다 클 때 경제적 자유를 이뤘다고 보는 것이다.

캐시플로우 게임에서 월급보다 중요한 것은 자산 소득이다. 월급이 아무리 많아도 전략을 잘못 짜면 끝까지 생쥐 레이스를 탈출하지 못하고, 월급이 적어도 자산 소득이 늘어나면 탈출이 가능하다. 부자 레이스는 자산에 투자하는 단위가 생쥐 레이스와는 완전히 다를뿐더러 소비 주제도 다르다. 단순히 나와 우리 가족이 잘 먹고 잘 산다는 개념을 넘어 사회 전반을 위한 사업에 투자하거나 기부할 기회가 주어진다. 예를 들면 청년을 위한 창업 공간 설립, 코로나19 치료제 개발에 투자, 세계 기아 대책에 기부하는 것 등을 선택할 수 있다.

종이로 만든 가짜 돈을 들고도 나는 어찌할 줄을 몰랐다. 돈이 많아지면 많아지는 대로 힘들었고 없으면 없는 대로 혼란에 빠졌다. 좋은 기회가 와도 기회를 알아보지 못했고 다른 플레이어가 앞서 나가자 조급한 마음이 들어 무리해서 투자를 시도하기도 했다. 게임이었는데도 부채를 지자 가슴이 두근거렸고 돈이 생기자마자 부채를 갚겠다고 했다. 게임 내내 어떻게 하면 부채를 갚을지에만 집중했고 자산을 사거나 모으는 것은 여전히 어렵고 대단한 일처럼 느껴졌다. 게임 시간 60분은 쏜살같이 흘러갔다. 나는 부자 레이스는 구경도 못 하고 생쥐 레이스 탈출에 실패했다.

보드게임이 끝난 후 드디어 내가 무엇을 모르는지 알게 되었다. 게임 속의 나와 현실의 내가 너무나도 닮아 있어서 불편한 마음도 들었지만 이제 무엇을 해야 할지 알게 되어 속이 시원하기도 했다. 우선 돈을 바라보는 시선부터 바꿔야 했다. 돈은 나쁘고, 골치 아프고, 인생을 복잡하게 만드는 것이 아니라, 인생의 든든한 동반자가 될 수 있는 존재였다. 돈의 힘에 압도되는 것이 아니라 돈의 힘을 활용할 수 있게 된다면 말이다.

게임이 끝난 후 이모와 나에게 캐시플로우를 알려준 멘토와 이야기할 시간이 있었다. 멘토는 30대 후반이었는데, 20대부터 자산의 개념을 정확히 알고 돈이 돈을 벌어오는 구조, 말 그대로 삶의 캐시플로우를 여러 개 만들어온 사람이었다. 스노보드를 너무 좋아해서 매해 겨울마다 스키장에서 수백만원씩 썼는데, 그러다가 문득 '내가 이렇게 돈을 쓰면 누군가는 돈을 벌고 있겠구나' 하는 생각이 들었고 스키나 보드를 타러 온 사람들이 묵는 시즌방을 목돈으로 빌려 렌트 장사를 시작했다고 한다. 보드 동아리 친구들에게만 빌려줘도 예약은 늘 꽉 찼고 수익률은 평균 5%로, 취미 생활을 즐겁게 하면서도 돈을 버는 구조를 만들어냈다. 멘토는 현재 모 기업의 계약직으로 출근하고 있다. 사람들은 정규직이 되려고 갖은 애를 쓰는데 그는 자신이 계약직이어야만 하는 이유가 분명했다. 자신에게 캐시플로우를 만들어주는 사업체를 운영하고 있었기 때문이다. (캐시플로우 게임에서 알 수 있듯 사업체는 자산이다.) 계약직 출근은 또 하나의 캐시플로우를 만들기 위한 도구일 뿐이었다. (게임에서도 월급은 자산만큼 중요하지 않다!) 멘토는 정확히 캐시플로우 게임에서 가르쳐준 생쥐 레이스 탈출 방법인 '자산'에 집중하고 있었다. 자산을 통한 현금 흐름이 많아질수록 부자 레이스에 가까워지는 건 현실에서도 마찬가지였다.

이렇게 경제적으로 촘촘한 계획을 세우고 또 소신을 갖고 그 계획대로 살아가는 사람을 오랜만에 만나 기뻤다. 대부분의 사람과는 완전히 다른, 부자의 사고법을 가진 사람을 만났다는 것이 반갑기도 했다. 삶에서 캐시플로우를 만드는 일이 얼마나 중요한지 알게 된 이상, 절대로 잊고 싶지 않았다. 나는 한 달에 한 번 열리는 게임에 매달 참석했고 게임 속에서 계속 실패하고 실수했다. 현실에서 그렇게 아파서 도망 다녔지만 게임판 위에서는 수십 번 넘어져도 아프지 않았다. 바둑을 복기하듯이 게임 후 나의 자산과 부채, 투자, 타이밍 등을 복기하며 그 속에서 배움을 얻었다. 게임을 통해 실패와 친해졌고 이번 판에서도 기꺼이 실패하고자 했다. 게임에서 실패하면 거기서 배운 것으로 현실에서는 실패할 확률이 줄어드는 셈이었으니까.

돈과
화해하는 시간

나는 왜 그토록 돈을 두려워했을까. 왜 돈이 있어도, 없어도 문제 삼게 되었을까. 돈은 언제부터 나에게 나쁜 것이 되었을까. 돈이 많아도 불행한 사람이 있고, 돈이 없어도 행복한 사람이 있다면 사실 돈 자체가 문제는 아니지 않을까. 돈에 대한 생각들이 꼬리에 꼬리를 물고 이어졌다. 처음으로 돈에 대해 진지하게 생각해보는 계기였다.

돈에 대한 개념이 처음 생긴 건 초등학교 시절이었다. 부모님의 별거로 나는 대구에서 부산으로, 다시 부산에서 대구로 총 세 번의 전학을 했다. 엄마와 함께 살다가 이모 집에 잠시 맡겨졌고 다시 엄마와 살게 되었다. 우리가 살던 집은 어느 날 느닷없이 빨간 딱지가 붙었고 아빠 얼굴은 그 뒤로 볼 수 없었다. 경제적인 어려움 때문에 가족이 흩어졌다. 그것을 중학생쯤 되어서야 서서히 알게 됐다. 학급에서 급식비를 지원해주는 제도에 손을 들고 신청해야 했다. 그럼에도 엄마는 내가 돈 때문에 기죽지 않기를 바랐는지 구체적으로 나에게 집안 사정을 이야기해주지 않았다. 그저 밤낮없이 일하며 가계를 일으켜 세우는 것으로 설명을 대신했다. 한 번도 돈에 대해 배우려는 생각을 하지 않았고, 알아야 한다고 가르쳐주는 사람도 없었다.

캐시플로우 게임 한 판은 그런 '나'와 '돈'을 한 테이블에 마주 앉게 했다. 60분간 시뮬레이션을 통해 돈과 오래 미뤄둔 대화를 했다. 돈은 나에게 차근차근 자신을 잘 사용하는 방법을 가르쳐줬다.

게임 중에 처음으로 생쥐 레이스에서 탈출하자 돈을 두려워하던 과거의 나로부터 벗어나는 듯했다. 더 이상 돈을 멀리하지 않겠다고 다짐했다. 부자 레이스에 도착하니 전에 없던 궁금증이 생겼다. '아, 어떻게 하면 돈을 잘 다룰 수 있을까?' 부자 레이스의 선택지는 내가 그토록 원하던 '가치 있는 삶'에 가까웠기 때문이다. 돈을 잘 다룰 수만 있다면 선한 영향력을 끼치고 싶다는 의도를 일부 실현할 수 있다는 것을, 게임이라는 작은 세계에서 반복적으로 배웠다.

　게임판에서 나온 나는 현실 속에서 '돈과 어떻게 하면 잘 지낼까' 고민을 시작했다. 그러다보니 오히려 스스로에 대해 깊게 생각하게 되었다. 이미 부자가 된 사람들의 책을 읽거나 유튜브를 보면서 고개를 끄덕이며 공감하기도 했지만, 그렇게 생각하지 않는 부분들도 있었다. 누군가의 정답이 나에게도 정답이 되는 것은 어쩌면 불가능한 일이었다. '돈과 어떻게 잘 지낼까' 하는 고민 앞에 '나는'이라는 주어가 붙으면서 나만의 길을 내도록 도와주었다. 파이어족, 경제적 자유라는 단어가 곳곳에서 들려와도 내가 그것을 원하는지, 원한다면 어떤 방식이 맞는지 고민하게 된 것이다.

돈 이야기, 속 시원하게
하고 싶은 사람들 모이세요

        캐시플로우 게임을 또래 친구들과 하면 어떨까? 가볍게 떠오른 생각으로 SNS에 공고를 올리자 많은 친구들이 함께하고 싶다고 메시지를 보내왔다. '다들 이렇게 관심이 많았구나. 그런데 왜 그동안 말을 안 했지? 잘됐다. 이참에 돈 이야기, 속 시원하게 한번 해보자!'라는 생각이 들었다. 3개의 주사위, 6개의 말, 화려한 컬러의 게임판을 사이에 두고 우리는 들떠 있었다. 누군가는 나처럼 과거의 자신에게서 벗어나야겠다는 생각이 들어서 왔다고 했고, 누군가는 돈 이야기를 실컷 하고 싶은데 친한 친구들과는 하기가 어려워서 왔다고 했다. 대부분 20대 후

반에서 30대 초반으로 욜로^{YOLO}를 지나 짠테크라는 새로운 소비 유행을 맞이하며 경제적으로 완전히 독립하는 시기를 맞은 사람들이었다.

게임에서 한 번에 쉽게 탈출하는 사람은 없었다. 열 명 중 한 명 정도 겨우 탈출했다. 나는 탈출 자체가 목표가 되지 않도록 왜 탈출하지 못했는지 세세하게 복기를 도왔다. 게임 후 조용히 앉아 성찰하며 각자의 플레이를 기록하는 시간을 가졌고 그것을 말로도 나누었다.

배움의 원뿔 이론$^{Cone\ of\ Learning}$에 의하면 읽거나 강의로 들어서 아는 지식은 결국 10%만 기억에 남는다. 영상물이나 오디오물 등 비주얼 자료가 있는 경우에는 50%가 남는다. 그러나 시뮬레이션을 해보면 90%가 기억에 저장된다. 캐시플로우 게임은 그동안 책과 유튜브로 본 경제지식을 직접 실행해보고 가상의 실패와 성공을 경험하게 했다. 아마 내가 경제 책 한 권을 SNS에 올리고 책을 같이 읽을 사람을 모집했다면 이렇게 많은 사람이 참여했을까? 사람을 모아 캐시플로우 게임을 함께 30회 이상 진행하면서 깨달은 것은 0에서 10까지를 알려주는 초보자를 위한 경제 프로그램이 없다는 사실이었다.

"처음으로 소비하는 게 싫어졌어요."

"월급이 낮으면 무조건 안 좋다고 생각했는데 그렇지 않네요."

"기회가 오면 수익성을 생각하지 않고 일단 지르는 불나방
스타일인 것 같아요."

"과감한 투자는 다소 망설여지는 저를 발견했어요."

"현실에서 경제적 자유를 얻기 위해서는 혼자보다
여럿이 힘을 모으는 게 좋을 것 같아요."

"평소 현금 보유에 집중하고
도전을 잘 하지 않는 편이었는데,
게임이다보니 마음 편하게 큰돈을 투자하고
결과를 보는 재미가 있었습니다.
스스로 이 흐름을 지켜보는 시도를 해보고 싶습니다."

대부분의 경제 정보는 11부터 무한대까지 뻗어 나간다. 0에서 10의 기본 정보를 모르는 사람은 11을 읽을 수가 없고, 과거의 나처럼 돈은 어렵고 두려운 존재로서 남아 있을 뿐이다. 캐시플로우 게임은 0부터 10까지의 정보를 시뮬레이션이라는 형태로 부담 없이, 그러나 통렬하게 나누는 수단이었다.

우리는 왜 그동안 돈 이야기를 속 시원하게 하지 못했을까? 기초 지식이 없는 사람들이 재미있게 배울 수 있는 수단이 부재했고, 무엇보다 돈에 대해 이야기를 꺼내는 일이 안전하지 않았기 때문이라고 생각한다. 특히 안전함은 돈에 대한 지식이 많거나 적거나와 상관없이 모두에게 해당되었다. 지식이 부족한 사람들은 모르니까 비난받거나 판단받을까 두렵고, 지식이 많은 사람은 조심스럽게 이야기를 꺼냈다가 '그런 얘기는 나한테 하지 마'라고 거절 당했던 기억이 있을 것이다. 내가 운영하는 캐시플로우 모임은 안전한 분위기를 최우선으로 생각한다. 그 누구도 여기서는 돈 얘기를 한다고 판단받지 않는다. 그 누구도 여기서는 돈에 대해 모른다고 비난받지 않는다. 그렇게 우리는 재미있게 돈의 기초 지식에 대해 배우고, 또 속 시원하게 돈에 대한 고민을 털어놓는다.

돈이라는 단어로 대동단결하기도 하지만 다시 돈이라는 단어로 각자의 색을 띠기도 한다. 각자 출발선이 다를 뿐만 아니라 살아온 환경, 살아가고 싶은 환경이 모두 다르기 때문이다. 참여자의 대부분이 밀레니얼 세대인 점을 감안해 나는 '밀레니얼의 경제적 자유'는 어떤 모양일지 화두를 던졌다. 나의 경우, 죽을 때까지 먹고살 돈을 빠르게 벌고 '파이어' 하는 것이 목표는 아니라고 했다. 계속해서 브랜드를 만들며 이야기를 하는 사람으로서 존재하고 싶다고 했다. 그것이 돈이 많고 적고의 문제로 좌지우지되는 것은 아니라고. 다만 돈이 없으면 그 이야기를 하지 못하게 될 거라는 것을 알게 됐다고. 이 말을 입 밖으로 하고 나자 이런 이야기는 처음 했다는 것을 깨달았다. 직사각형 책상에 옹기종기 모여 앉아 편안한 분위기에서 돈에 대해 말하고 들어주는 사람들이 있었기에 가능한 일이었다.

경제적 자유, 여러 개의 답이 있다는 걸 보여주고 싶어요

"저는 생쥐 레이스에서 굳이 탈출하고 싶지 않아요." 모두가 탈출을 기원하며 60분간 접전을 벌인 끝에 한 사람이 던진 말이었다. 모두가 경제적 자유라는 하나의 목표를 향해 생쥐 레이스에서 월급을 모으고 자산을 취득하고, 투자에 성공하기도 실패하기도 하며 치열한 시간을 보내고 난 뒤였다. 당황스러운 발언이었지만 생각할수록 공감이 되었다. 그 말은 남들이 다 원한다고 해서 그것이 나에게도 반드시 중요한 것은 아니라는 의미이기도 했다. 모두가 빠져나간 게임 공간에 앉아 오랫동안 그 말을 곱씹었다. 캐시플로우 게임에서 주의 깊게 바라보아야 할 지점은 생쥐 레이스 탈출 여부가 아니라 나는 '왜' 생쥐 레이스를 탈출하고 싶(지 않)은지가 아닐까.

게임을 도구로 경제 이야기에 물꼬가 트이게 되자 좀 더 깊은 토론을 하고 싶어졌다. 각자가 생각하는 경제적 자유가 모두 다르다는 전제를 두고 이야기를 시작하니 무척 재미있었다. 경제적 자유라고 생각하는 금액도 모두 달랐고, 일을 그만두겠다는 사람도 있었지만 계속 일을 하고 싶어 하는 사람도 있었다. 경제적 자유에 하나의 답만 있을 거라는 생각을 내려놓자, 돈보다 더 중요한 가치에 대한 이야기가 시작되었다. 어느새 '반드시 경제적 자유에 도달해야 해.'라는 당위는 멀어지고 '나는 무엇을 할 때 행복한 사람인가?'라는 질문에 가까워졌다. 이 질문은 쉽지 않았다. 그냥 '경제적 자유부터 이루고 보자'고 할 때가 오히려 쉽게 느껴졌다. 우리는 이 질문을 끝까지 가슴에 품고 나아가기로 했다. 북극성에 도달할 수는 없지만 북극성을 보면서 나아가면 길을 잃지 않듯, 경제적 자유가 아니라 나의 행복을 나침반으로 두면 앞으로의 여정에서 더 이상 길을 잃지 않을 수 있을 것 같았다.

쉽지 않은 질문이었지만 가슴은 후련했다. 경제적으

로 당장 무언가 이루지 않았다 해도 조급하지 않았다. 물론 그렇다고 해서 경제적인 부분이 중요하지 않다는 것은 아니다. 과거와 확실하게 달라진 것은 돈에 대한 문제를 회피하거나 그 문제와 맞서 싸우려는 대신, 단호하지만 부드럽게 함께할 수 있게 되었다는 사실이다. 행복을 중심에 두고 필요한 돈의 액수를 구체적으로 상상해보기도 했지만, 돈이 크게 끼어들지 않는 행복의 장면도 명료하게 존재했다. 모닝커피 한 잔을 마시는 시간이 특히 소중하다는 것을 깨달았는데, 좀 더 들여다보자 커피 그 자체보다는 커피를 통해 느리게 시작할 수 있는 아침 시간을 확보할 수 있어서라는 걸 알게 됐다. 굳이 매일 카페에서 사 먹지 않아도 집에서 원두를 내려 마실 수 있는 시간이 충분하다면 그것으로도 좋았다. 절약도 나만의 방식으로 할 수 있게 된 것이다.

"환경 문제를 해결하는 데 도움이 되고 싶어요. 그게 진정으로 저를 행복하게 하거든요." 몇 주 후 다시 찾아온 그 사람의 목소리에는 힘이 실려 있었다. 서울에 비가 너무 많이 내려 홍수가 난 작년, 반지하 집이 물에 잠겼던 아픈 기억을 꺼내며 자신은 기후 위기와 환경 문제를 해결하는 데 기여하고 싶다고 말했다. 현재도 환경과 관련된 작은 브랜드를 운영하고 있는데 앞으로도 지구의 회복을 위해 오래오래 이 일을 하고 싶다고 했다. 생쥐 레이스 탈출 여부보다 중요한 것은 자기 자신의 존재 이유를 성찰하고 원하는 삶을 지속 가능하게 만드는 것이다. 탈출만이 목표가 되면 공허하다. 답을 찾는 것보다 올바른 질문을 품고 사는 게 더 나을 때가 있다.

나의 자산,
나의 캐시플로우 만들기
- 일

캐시플로우를 만든다고 할 때 지금 하고 있는 일을 제외하고 생각하는 경우가 많다. 그러나 나의 일만큼 중요한 캐시플로우가 또 있을까. 고정적으로 들어오는 돈은 힘이 세다. 나의 일을 어떻게 하면 자산으로 만들 수 있을까? 5년 동안 사업을 해왔지만 이런 질문을 해볼 기회는 잘 없었다. 그저 당장 눈앞의 매출 목표를 세울 뿐, 어떻게 하면 그 매출이 지속적이고 자동적으로 유지될 수 있을지 캐시플로우를 만들어볼 생각은 하지 못한 것이다. 미디어나 책에서 다루어지는 유니콘 기업의 성공 스토리는 영감은 줄 수 있어도 똑같이 적용하는 데는 큰 한계가 있었다. 우연히 용인 고기리에 있는 막국숫집 사장님이 쓴 책 《작은 가게에서 진심을 배우다》를 읽고 작은 브랜드로서 캐시플로우 시스템을 만드는 첫 시도를 해볼 수 있었다.

그동안 우리는 수십 개의 상품을 만들어왔지만 우리만의 특색 있는 상품을 내세우지는 못했다는 걸 깨달았다. 고기리 막국수 사장님께서 막국수 하나만을 팔기 전에 압구정에서 80가지 메뉴를 파는 식당을 했던 것처럼 말이다. 다양한 사람의 입맛에 맞는 여러 가지 상품을 내놓는 것을 포기하고 우리가 가장 잘할 수 있는 한 가지에만 집중하기로 결정하는 것은 쉽지 않았다. '원데이클래스는 없나요?' '요가도 같이하면 좋을 텐데 안 하시나요?' 할 수 있는 것을 안 하는 결정은 당장은 손해를 감수해야 하는 일이었다. 그럼에도 불구하고 우리가 가장 잘하는 하나의 상품을 만드는 데 집중하면서 내부에도 자연스럽게 시스템이 잡히기 시작했다. 우리는 매달 고객의 피드백을 받으면서 하나의 상품을 집중적으로 개선해나갔고 고객들의 평가는 매달 조금씩 더 좋아졌다. 겨울에도 시원한 물막국수를 찾는 고객은 항상 있듯이, 우리 상품이 좋았던 고객들은 자신과 취향이 비슷한 다른 고객에게 우리 상품을 자연스럽게 추천해주었다. 드디어 우리 사업에도 캐시 플로우라는 톱니바퀴가 하나 생긴 순간이었다.

못하는 것을 잘하게 만드는 것보다 이미 잘하고 있는 면을 더 잘하게 만드는 편이 낫다. 우리는 많은 고객을 확보하고 있는 브랜드는 아니지만 고객과의 관계가 무척 친밀한 편이다. 전에는 팀 내부에서 이 장점에 크게 주목하지 않았기 때문에 사업적으로 중요한 결정을 할 때 계속 간과하고 있었다. 그렇게 내린 결정들이 사업을 휘청이게 하고 나서야 우리의 장점들을 다시 돌아보게 되었다. 고기리 막국숫집에 가면 대기 번호가 아니라 이름을 불러준다. 사장님은 손님과 주인의 '관계'가 '사이'가 되는 순간이라고 말한다. 우리는 이름 대신 스스로에게 붙인 별명을 부르는데, 그 별명은 불렸을 때 가장 자기답게 느껴지는 존재의 이름이라고 설명한다. 서비스를 사용하기 위해 먼저 자기 존재의 이름을 짓는 것은 나이나 소속을 떠나 존재로서 만날 수 있는 기회를 제공한다.

고객과 친밀한 관계를 맺는 노력이 당장 어떤 캐시 플로우로 이어지는지 설명하라면 좀 어렵지만, 한 가지 내가 아는 것은, 고객과 깊게 마음을 나누는 사이가 되면 어려움이 생겼을 때에도 쉽게 떠나지 않고 함께 그 일을 기꺼이 겪어주는 '사람들'을 만날 수 있다는 것이다. 고기리 막국숫집에서는 신발이 분실되면 며칠이 걸려서라도 신발을 찾아주거나 혹은 신발값을 내어드린다. 여느 식당에서 '신발 분실 시 책임지지 않습니다'라는 안내문이 붙여진 것과는 사뭇 다르다. 김윤정 대표는 "이 식당에서는 무슨 일이 생겨도 주인이 같이 고민해줄 것이고, 책임져줄 것이라는 믿음. 그 믿음을 손님들 마음에 꾹꾹 심어줄 수 있다면, 신발값은 내어드릴 수 있어요."라고 말한다. 사업은 그 규모와 상관없이 여러 가지 내적, 외적 어려움을 겪으며 성장하기 마련이다. 그동안 우리가 겪고 있는 어려움을 숨기지 않고 고객들과 공유했을 때 더 깊은 신뢰를 쌓을 수 있었다. 부득이하게 잠시 서비스를 중단해야 할 때에도 100명 중 90명은 환불 신청을 하지 않고 기다려주었다. 사업이 잘될 때만 함께하는 것이 아니라 잠시 어려움을 겪을 때에도 함께해주는 '사람들'을 얻은 것이다.

직장을 다니고 있다면 연봉을 올리는 것도 좋은 캐시플로우다. 연봉은 한번 오르면 오른 상태로 계속 유지될 가능성이 높기 때문에 투자 수익률보다 나을 때가 있다.

같은 직종이라도 GDP가 높은 국가일수록 연봉이 높은데, 외국어 실력을 키워놓으면 해외로 이직할 기회를 얻을 수도 있다. 사이드 잡을 선택한 경우, 당장의 수익도 좋지만 시간이 좀더 걸리더라도 지속적인 수익을 만들 수 있는 시스템을 개발하는 편이 낫다. 쓰임새가 좋지만 아직 잘 알려지지 않은 물건을 소개하는 기업 '디지앤지dgng'는 그 브랜드명에서 유추해볼 수 있듯이 디깅digging을 잘하는 분이 시작한 생활용품 소개 사이트다. 처음에는 인스타그램으로 물건 리뷰를 올리기 시작하다가 팔로워가 늘자 해당 물건을 구매할 수 있는 리워드 링크를 연결해두었다. 리워드 링크로 해당 상품 구매 시 사이트 관리자에게 1%의 수익이 돌아가는 구조다. '디지앤지'가 하나의 캐시플로우로 성장할 수 있었던 동력은 첫째, 생활용품 디깅이라는 자신이 가장 잘할 수 있는 일을 선택했고 둘째, '사람들'에게 집중하면서 그들이 필요로 하는 정보를 생산하는 데 시간과 공을 충분히 들이고 셋째, 다시 한 번 사람들에게 도움을 주는 방식으로 수익 구조를 만들어낸 점이다.

나의 자산,
나의 캐시플로우 만들기
- 취미

나에게도 취미로 시작해 매달 50~60만원씩 들어오는 캐시플로우가 하나 있다. 바로 내가 만든 경제 보드게임 모임 '캐시플로우서울@cashflowseoul'이다. 지난해 보드게임에 푹 빠져서 취미 삼아 하던 일이 어느새 하나의 시스템이 되었다. 월 2회 일요일 아침에 열리는 이 유료 모임에는 평균 8~10명의 사람들이 참가한다. 매달 모집이 빠르게 마감될뿐더러 2회 이상 참여하는 사람이 전체 인원의 30%다. 그중 5%의 사람들은 게임 티처game teacher 코스를 밟고 나와 함께 캐시플로우 모임을 운영하고 있다. 게임 티처는 커뮤니티를 이루어 기업 규모의 강의에 함께 나가기도 한다. 취미로 시작한 이 모임이 어떻게 진짜 캐시플로우가 될 수 있었을까?

"여기에 오기까지 뭐 하나 걸리는 게 없었어요." 모임에 온 참가자가 말했다. 캐시플로우를 검색하면 우리 모임이 상단에 노출된다. 페이지에 들어가면 게임 분위기를 미리 살펴볼 수 있는 여러 장의 사진과 솔직하면서도 우수한 평가의 후기들을 볼 수 있다. 원하는 게임 일정을 선택하고 간편 결제로 예약을 마친다. 게임 하루 전날, 상세 주소와 함께 길 안내가 담긴 메시지를 받는다. 캐시플로우 모임은 여러 군데 있지만 이렇게 체계적이고 부드러운 고객 경험을 갖춘 곳은 없다. 내가 소비자였을 때 불편했던 점 두 가지를 가장 먼저 개선했다. 첫째, 직접 계좌 이체하는 방식을 간편 결제 방식으로 바꾸고 둘째, 어떤 사람들과 함께하는지 알 수 없는 불안함을 게임 분위기를 사전에 충분히 파악할 수 있는 사진과 후기를 통해 안정감으로 바꾸는 노력을 했다. 잘 뭉친 주먹만 한 눈이 어느새 눈덩이가 되어 구르듯이 참가자들은 매달 늘어났고 나 역시도 어떤 취향의 사람들이 올지 미리 예상할 수 있는 선순환을 만들어냈다. 정확한 문제를 풀어낸 결과였다.

그동안 개인사업자를 내고, 사업자 통장을 만들고, 통신판매업으로 등록하고, 간편 결제를 붙이고, 커뮤니티 규칙을 만들고, 판매 페이지를 작성하는 꽤 어렵고 지난한 과정이 있었다. 그럼에도 '고객 경험 개선'이 캐시플로우의 첫 번째 톱니바퀴가 되어줄 거라 분명하게 믿었다. 작은 톱니바퀴가 하나 생기자 자연스럽게 다음 스텝이 보였다. 참가자가 두 배로 늘어나 한 테이블만 운영하던 게임을 두세 개 이상의 테이블로 늘려야 할 때가 온 것이다. 그러자 게임 티처가 테이블 수만큼 더 필요해졌다. 자연스럽게 게임 티처 교육 프로그램을 만들기로 했다. 단순히 게임만 진행해주는 사람이 아니라 관점을 명확하게 가진 사람이었으면 했다. 게임 후에 무리한 투자를 종용하거나 정확하지 않은 정보를 주어서는 안 됐다. 자료를 정리하는 일은 몇 주가 꼬박 걸리는 긴 작업이었다. 모임의 존재 이유, 모임의 노하우, 게임 룰 설명까지 그동안 운영해온 스토리를 담은 가이드라인을 정리하고 보니 A4용지로 100쪽이 넘었다. 게임에 참여한 후 티처로 성장하고자 하는 사람들의 수요는 꾸준히 있었고 우리는 고객에서 동료가 되었다. 그게 바로 캐시플로우 시스템의 두 번째 톱니바퀴였다.

나아가 지금은 내가 직접 게임을 진행하지 않아도 되는 시스템을 만드는 중이다. '캐시플로우서울'은 티처 교육 프로그램을 더욱 정교하게 만들어 더 좋은 티처들을 많이 배출해내고, 정립된 브랜드 노하우를 이용해 홍보와 모집의 과정만 담당한다. 모집이 완료되면 지역과 거리를 기반으로 티처들을 배치해 동시에 서로 다른 공간에서 여러 게임이 진행될 수 있도록 하는 방식이다. 티처들은 늘 어려운 홍보나 모집에 신경 쓰지 않고 게임에만 집중하며 부수입을 벌 수 있고, 캐시플로우서울은 직접 게임을 운영하지 않고 모집에만 집중하면서도 수입을 창출할 수 있다. 이것이 세 번째 톱니바퀴. 취미가 나만의 캐시플로우가 될 때까지 처음부터 거창한 계획이 있었던 것은 아니다. 그저 '어떻게 하면 조금 더 좋은 경험을 선사할 수 있을까?' 하는 작은 고민을 안고 불편한 부분을 개선한 것이 시작이었다. 문제를 풀 때도 혼자가 아니라 다른 사람들과 함께하는 것에 의미를 두니 더 좋은 해결 방법을 찾을 수 있었다. 취미로 가치를 창출하고 취미로 돈까지 벌자 취미가 더 재미있어졌다.

혼자만의 취미가 캐시플로우가 되는 것은 관점의 전환으로부터 시작된다. 한 예로 '6일신문@6days.paper'이라는 인스타그램 계정이 있다. 예상컨대 계정 관리자는 매일 혼자서 종이 일간지를 읽던 사람이었을 것이다. 어느 날 '다른 사람들과 함께 읽어보면 어떨까?' 하는 생각이 들어 관련한 SNS를 시작했고, 종이 신문이라는 매체를 SNS로 옮겨오면서 콘텐츠 포맷을 어떻게 쉽고 흥미롭게 만들 것인지 고민했을 것이다. 그 후 조선일보, 중앙일보, 동아일보, 한겨레, 경향신문, 한국일보, 매일경제, 한국경제 등의 신문 1면을 매일 찍어 올리기로 결정했다. 종이 신문 1면은 각 언론사가 판단한 오늘의 가장 큰 이슈는 무엇인지, 비슷한 소식은 어떻게 다르게 소화하는지, 헤드라인과 사진 활용은 또 얼마나 달라질 수 있는지 천천히 비교하면서 읽어볼 수 있기 때문이다. 현재 '6일신문'의 팔로워 수는 3만 6천 명이다. 혼자 읽기에서 함께 읽기로, 종이 콘텐츠를 SNS 콘텐츠로 옮겨오는 관점의 전환을 통해 팬을 확보할 수 있었다. 지금은 수익화하고 있지는 않지만 종이 신문 토론 커뮤니티 등 팔로워를 대상으로 충분히 수익화 가능성이 있어 보이는 캐시플로우다.

수익이 나는 오프라인 취미 모임 만들기 TIP

- 모임의 가치와 효용 생각하기
- 콘셉트와 모임 규칙 정하기
- 참여자 모집 플랫폼 정하기
  - 남의집 : naamezip.com
  - 문토 : munto.kr
  - 네이버 스마트스토어

네이버 스마트스토어 개설 방법

1. 사업자 등록하기 - 홈택스

- 홈택스(hometax.go.kr) 로그인 > 신청/제출 > 사업자등록 신청/정정 > 사업자등록신청(개인 혹은 법인 선택) > 상호명, 소재지 등 기본 정보 입력 > 필요 서류 업로드 > 신청서 제출

2. 사업자 명의 통장 만들기

3. 네이버 스마트스토어 판매자로 가입하기-개인/사업자 중 선택

4. 구매안전서비스 이용확인증 발급

5. 통신판매업 신고하기 - 정부 24

- 정부 24(gov.kr) 로그인 > 통신판매업 신청하기 > 구매안전서비스 이용확인증 제출 > 신고번호 발급

6. 스마트스토어에 필수 서류 제출

돈과 나의 관계를
지키기 위한 원칙

TV 프로그램 〈연애의 참견〉을 재밌게 보고 있다. 연애 고민을 사연으로 보내면 패널들이 조언을 해주는 프로그램이다. 집착이 심한 애인이 자기 외에 다른 사람은 전혀 만나지 못하게 한다는 사연, 심한 건강 염려증 때문에 애인의 건강 검진 결과를 보고 파혼한 사연 등 상식적으로는 잘 이해가 가지 않는 사람들의 행동을 보게 된다. 거의 모든 에피소드를 보고 나자 어느 정도 연애에 대한 감(?)이 잡히는 것 같다. 연애를 할 때는 무엇보다 '자기 파악'이 먼저 되어야 한다. 자기 자신이 어떤 문제를 가지고 있는지 잘 파악하지 못하면 쉽게 상대를 공격하게 된다. 다음으로는, 문제가 생겼을 때 관계에서 가장 중요한 것이 무엇인지 인지하고 그것을 잃지 않는 선택을 내릴 수 있어야 한다. 당장은 손해 보는 것 같더라도 말이다. 상대방과 계속해서 좋은 인연을 이어가는 것만큼 더 중요한 사실이 없음을 안다면 사연의 주인공들처럼 자기 식대로 상대를 휘두르려고 하지는 않을 것이다.

〈연애의 참견〉을 보다가 문득 내가 그동안 돈과 관계를 맺을 때 어땠는지 돌아보게 되었다. 돈에 관심 없이 살다가 우연한 기회로 머리를 맞은 듯 깨어나게 되었을 때 조급한 마음만 잔뜩 들었다. '지금까지 잘못 살았어. 이제 완전히 달라져야 해!' 하고 삶을 통째로 뒤바꾸려고 했다. 돈부터 무작정 좇았다. 그러나 한순간에 돈과 가까워지는 기회는 오지 않았다. 그동안 내가 어떤 문제를 가지고 있었는지, 나에게 정말로 중요한 것은 무엇인지 정확하게 파악하지 않은 채였기 때문이다. 돈과 좋은 관계를 맺기 위해서는 시간이 필요하다는 것을 알게 되었다. "돈을 좇아가면 돈이 도망간다."는 말이 서서히 이해가 되었다. 돈과 나 사이에 시간을 충분히 두고 나를 살펴보기로 했다. 과거의 실수를 돌아보며 내가 가진 문제를 면밀히 파악하고, 돈과 나의 관계에서 가장 중요한 것을 지키기 위한 몇 가지 원칙을 세워보았다.

1. 천천히

돈을 빨리, 한 방에 벌 수 있을 거라고 기대하던 날들이 있었다. 첫 부동산 투자 이후 나도 이제 무언가 시작했다는 자신감과 투자 수익을 낼 수 있을 거라는 기대감에 가득 차 있었다. 그러나 일이 그렇게 쉽게 진행되지는 않았다. 부동산 시장 상황이 나빠지고 이전보다 두 배의 이자를 감당해야 하는 시기가 오자 머리가 복잡해졌다. 투자 수익으로 생활비를 마련하려던 계획을 철수하고, 월급 등 정기적으로 들어오는 수입 통로를 더 탄탄하게 마련하고 나서야 한숨 돌릴 수 있었다. 돈을 버는 방법에 '한 방'은 없었고 앞으로도 없을 거라는 사실을 알게 되었다. 갑자기 한꺼번에 많이 들어오는 돈은 힘이 없다. 갑자기 들어온 만큼 갑자기 빠져나가기도 한다. 반대로 적지만 정기적으로 들어오는 돈은 힘이 세다. 물방울이 바위를 뚫는 것처럼 말이다. 시간이 드는 만큼 돈에 힘이 붙는다는 걸 알게 되었다. 한 방에 빨리 버는 돈에 쏟던 관심을 천천히 꾸준히 버는 돈에 쓰기로 했다.

2. 겸허하게

2020년, 주식장에 진입했을 때 전에 없던 상승장을 맞이했다. 코로나로 인해 주식 시장에 돈이 몰릴 때였다. 적게는 10%에서 많게는 30~40%까지 수익률을 보고 있었다. 그 시절 나에게 한마디만 할 수 있다면 '지금이야, 지금 팔아야 해!'라고 말하겠지만 그때의 나는 오로지 '계속 오를 것 같은데?' 하는 생각뿐이었다. 그래서 어떻게 되었냐고? 원칙 없이 주식장에 들어갔으니 결국에는 돈을 잃었다. 정신이 번쩍 들었다. 그때부터는 원금 지키기를 첫 번째 원칙으로 두었다. 그다음으로 ±5% 규칙을 세웠다. +5%가 되면 매도하고 −5%가 되면 매수하는 것이다. +5%가 되면 '더 오를 것 같은데'가 아니라 '여기까지'라고 겸허하게 내려놓는다. 이렇게 하니 원금에 손실이 나지 않았다. 겸허한 마음으로 원금을 지키는 것이 수익을 내는 것만큼이나 중요한 원칙이 되었다.

3. 건강하게

안정적인 배당주에 들어갔다가 그해 기업 총수가 바뀌면서 잡음이 생겨 20% 정도의 손실을 본 종목이 있다. -5%에서 -10%, -15%에서 -20%로 손실을 보는 동안 온종일 관련 뉴스를 리뷰하고, 소액주주결집 카페에 가입하고, 익명 토론에 참여하면서 엄청난 스트레스에 시달렸다. 꽤 큰돈이 들어가 있었기 때문에 파란불이 켜진 주식창을 보면서 불면증에 시달리기도 했다. 회복 조짐이 전혀 보이지 않는다고 판단이 들었을 때는 말 그대로 너무 늦었지만, 더 늦지 않기 위해 전액 매도했다. 수백만원을 잃고 너덜너덜해진 채 관성적으로 관련 뉴스를 보고 있을 때였다. 엄마에게 전화가 와서 의기소침한 목소리로 소식을 전했더니 엄마가 이렇게 말했다. "돈을 잃은 것은 속상해도 건강을 잃지 않아서 다행이다. 우리 딸이 스트레스 없이 잘 자는 게 더 중요하지." 엄마는 지금 당장은 손해 본 것 같아도 앞으로 다른 투자에서 수익을 얻을 수 있는 기회가 또 올 거라며 그게 인생이라고 덧붙였다. 정말 그렇다. 돈을 잃었지만 건강을 잃지 않아서 정말 다행이었다. 다음 기회가 또 있을 터였다. 건강하게 몸과 마음을 회복하자 편안해지고 잠도 잘 잘 수 있게 되었다.

'천천히, 겸허하게, 건강하게.' 이렇게 돈과 나 사이에 세 가지 원칙을 세우자 이 관계가 건강하게 오래 갈 수 있겠다는 확신이 들었다. 원칙은 관계가 좋을 때보다 갈등 상황에 있을 때 그 효용을 발휘할 것이다. 부동산 시장 하락세에도 조급해하지 않고 '천천히' 시간을 들여 자산이 충분히 일할 수 있는 시간을 주고, 목표한 수익률에 도달하면 시장 상승기에도 '겸허하게' 빠져나올 줄 알고, 당장의 손해에 일희일비 하지 않고 평생의 투자 흐름을 관망하면서 '건강하게' 지낼 수 있도록 말이다. 사람과 사람 사이에도 관계를 유지하기 위해 지켜야 할 예의와 거리가 있는 것처럼, 돈과 좋은 관계를 유지하기 위해서는 나와 돈 사이에 최소한의 원칙을 세우는 것이 중요하다.

3장

돈과 한 발자국씩
가까워지는 법

: 0에서 시작하는 돈 공부

나의 관점이 생길 때까지
기다리고 또 기다려라

"나 OO 투자를 시작해야겠어." 캐시플로우 게임이 끝나면 부동산이나 주식 같은 자산에 강한 관심이 생겨 당장 투자를 시작하려는 분들이 있다. 지금까지 자신이 얼마나 허송세월을 했는지를 한탄하며 내일 당장이라도 목돈을 덜컥 투자하려고 한다. 모든 일의 처음은 대개 실수와 실패가 따르는 법인데 이렇게 감정적인 상태로 투자하면 그 위험은 더 커지기 마련이다.

"나 투자 OO를 시작해야겠어." 문장을 이렇게 바꾸고 나서 비로소 가슴을 쓸어내린다. 부동산 투자나 주식 투자가 아니라, 바로 '투자 공부'를 시작하는 것이다. 직접

익히고 직접 판단한 정보가 아니라면 투자가 아니라 도박에 가깝다. '모르는 곳에 투자하지 말라'는 얘기는 상식처럼 널리 퍼져 있지만 정작 자기 자신에게는 완전히 흡수되지 않는 이야기 같다. 친한 친구는 코인으로 대박 난 친구에게 자신의 돈을 맡겼다가 몽땅 다 잃은 경험을 겨우 털어놨다. 어느 기초 투자 강의에서는 1강 첫 페이지에서 명상을 권했다고 한다. 왜 투자 정보가 아니라 명상이었을까. 심리적으로 안정되지 않은 상태에서는 투자를 하면 안 된다는 것을 강조하고 싶었을 것이다.

투자는 'JUST DO IT'을 하면 안 되는 유일한 분야 같다. 생계와 직접적으로 연결되어 있기 때문이다. 특히 이제 막 투자를 시작하는 사람이라면 소규모로 시도해보는 것이 좋다. 한번 넘어지면 회복에 오랜 시간이 걸린다. 돈이 부족한 사람들은 오히려 다행이다. 당장 투자할 수가 없기 때문이다. 목돈을 좀 모아둔 경우 더욱 조심하길 바란다. 진실과 거짓이 뒤섞인 수많은 정보들이 나를 유혹할 것이다. 언제나 나의 대답은 '기다려라'이다.

공인중개사 사무실에서 나와 같은 집을 보려는 부부와 마주친 적이 있다. 내가 5분 정도 일찍 도착했다는 이유로 먼저 집을 보게 되었고 다시 사무실로 들어가는 길에서 공인중개사는 나에게 결정을 해달라고 했다. 기다리고 있는 부부는 집을 보지도 않고 계약하려고 했다면서 압박을 줬다. 전세도 월세도 아닌 매매 계약을 앞둔 상태였다. 머릿속이 하얘지고 손에 땀이 나면서 심장이 빨리 뛰었다. 지금 당장은 내가 무엇을 결정한다 해도 후회할 가능성이 높았다. 하지만 안타깝게도 그때는 알지 못했다. 나는 매매 계약금을 넣었다. 틀린 결정이었다. 이것을 틀렸다고 인정할 때까지 사실 오랜 시간이 걸렸다.

아무리 좋은 투자처라 하더라도 반드시 기다리고 또 기다려야 한다. 왜냐하면 기회는 또 오기 때문이다. 이것이 마지막일 거라는 생각은 진실이 아니다. 누군가에게 아주 좋아 보이는 자산이 지금 나의 상황에도 알맞은지 생각해보자. 모두에게 똑같이 좋은 투자처란 없다. 캐시플로우 게임에서 기회 카드는 약 100장이다. 초기에는 카드를 뒤집을 때마다 가슴이 두근거렸다. 이번이 마치 유일한 최고의 기회 같았기 때문이다. 이제는 다음 카드가 있다는 것을 안다. 카드의 확률적 정보에 온몸을 던지지 않고 전체 시장을 파악하고 현재 자금 상황에 주의를 기울인다. 그러면 목소리에 힘을 실어 이렇게 얘기할 수 있다. "저는 안 할게요." 이 말은 아무것도 하지 말라는 얘기가 아니라는 것을 알 것이다. 우선 기다리자. 기회 카드를 뒤집어도 떨리지 않을 때까지. 나만의 관점이 공고하게 생길 때까지.

돈이 나를 신뢰할 수 있게
되는 계기를 만들어라

가계부 쓰기에 성공한 사람이 더 많을까, 실패한 사람이 더 많을까? 이런 공상을 하다 보면 그 답이 어찌 되었든 나는 후자에 속한다는 것을 매번 확인하고 만다. 이제부터 돈 관리를 시작하겠다고 마음먹은 사람이라면 대개 제일 먼저 하는 일이 가계부 쓰기 아닐까. 나 역시 수기와 엑셀을 지나 각종 가계부 앱을 전전했지만 계획하거나 정리하는 데 무관심한 성격만 더 드러날 뿐이었다. 그런 내가 높은 확률로 성공을 이어가고 있는 것이 바로 '원데이 지출 계획'이다. 오늘 하루의 예상 지출 금액을 정해놓고 그 이상 쓰지 않는 것이다. 예를 들어 식비로 2

만원을 계획했다면 1만 5천원짜리 돈가스를 사 먹었을 때 후식은 5,500원짜리 카페라테가 아니라 4,500원짜리 아메리카노를 선택하는 것이다. 이 계획은 수많은 시도 중 나에게 가장 잘 맞았다. 병원비 같은 갑작스러운 지출이 생길 때는 다음 날 지출을 조절한다. 하루하루가 쌓여 몇 달이 되면 강아지 사료 사기 같은 정기 지출도 확인할 수 있다. 한 템포 느린 가계부 쓰기 방법이라고 부르자.

별것 아닌 이 작은 습관이 돈과 나의 관계를 바꿔놓았다. 돈이라면 내가 어찌할 수 없다고 생각했던 오래된 무기력함에서 천천히 벗어나게 되었다. 사고 싶은 것이 있어도 바로 구매하지 않고 며칠씩 생각했고 물건을 사지 않고도 누릴 수 있는 기쁨을 더 오래 음미했다. 몇천만원을 통장에 모을 수 있는 대단한 계획은 아니지만 오랜 시간 지속하더라도 나를 해치지 않는 온당한 형태임에는 분명했다. 돈은 일종의 숫자지만 하나의 인격체, 친해지고 싶은 친구로 대하는 연습도 도움이 됐다. 누구라도 자주 약속을 깨는 사람과 친구가 되고 싶지는 않기에 충동 소비는 절로 줄었고, 자주 안부를 묻는 친구와 더 가까워지기 마련이기에 자연히 자금 상황에 관심을 가지게 되었다.

돈이 나를 신뢰할 수 있게 되는 계기를 만들자 비로소 돈이 나에게서 쉽게 떠나지 않았다.

누군가 어떤 방식으로 성공했다고 해서 그 방법이 나에게도 반드시 들어맞을 것이라는 기대는 자주 무너진다. 모든 방면에서 강조되지만 돈 관리 역시 가장 자기 자신다운 방법을 찾기 위한 여정이 되어야 한다. 그 시작은 언제나 '무엇what'이 아니라 '왜why'이다. 원데이 지출 계획은 함께 살고 있는 동반자이자 가족인 J와의 관계 회복 프로젝트에서 시작되었다. 함께 일한 지 6년, 함께 산 지 4년을 맞이한 우리는 미래를 계획하며 각자의 경제력이나 경제관념에 대해서 솔직하게 이야기를 나누었다. J는 특히 나의 감정적이고 충동적인 소비를 걱정스러워했다. 같은 일을 하며 비슷하게 벌었는데 모은 돈이 확연히 달랐기 때문이다. 안정적인 미래를 계획하기 위해서는 단순히 월세에서 전세로 어떻게 넘어갈 것인가가 아니라 두 사람의 신뢰 관계 형성이 더욱 중요했다. 신뢰는 특별하고 커다란 이벤트로 회복될 수 있는 것이 아니기 때문에 나는 '하루'라는 가장 작은 단위를 선택했다. 그리고 더디지만 매일 쌓아나가는 힘을 보여주었다.

자본 시장에
참여하라

"자산을 갖는다는 게 이렇게 피곤한 건지 몰랐어." 최근 강원도 영월에 작업실 겸 집과 800평 농지를 매매한 친구가 하소연을 했다. 보금자리를 마련한 친구에게 무슨 걱정이 또 있으랴 싶었지만 들어보니 그 사정이 이해가 되었다. 첫 번째로, 농지를 취득하기 위해 일종의 계획서를 제출해 면접에 통과해야 했고(농지 취득자는 농사를 지어야 하는 의무가 있다.), 두 번째로, 잔금을 치르기 전 부동산 계약서를 한 번 더 확인해보았는데, 등기부 등본을 읽을 줄 몰랐다면 속을 뻔했다고 했다. 세 필지를 세 명이 나눠 구매하는 것이었는데 부동산 중개인의 가족이 가장 좋은 땅을 선점한 후 빨리 이 거래를 체결하고 싶어서 매매를 서둘렀다는 것이다. 계약서상의 중개인의 성姓과 제1매수자의 성姓이 일치한다는 것을 발견해서 의심을 했고, 추궁 끝에 진실을 밝혀낼 수 있었다고 한다. 그렇게 우여곡절 끝에 매매를 했는데, 세 번째로, 집에 가보니 이전 집 주인이었던 할머니께서 돌아가신 후 자식들이 유품을 전혀 치우지 않아 친구가 직접 오래된 물건들을 다 치워야 했다고 한다. 그 사이 동네 사람들이 쓸 만한 물건들을 말없이 가져가기도 했다고. 세상에 비상식적인 사람보다 상식적인 사람이 더 많다고 믿으며 살아도 돈이 얽힌 문제 앞에서는 정신을 바짝 차리지 않으면 그 피해는 고스란히 내 몫이 된다.

자산을 취득하는 중에 여러 골치 아픈 일이 생긴 건 사실이지만 그 과정을 통해 친구가 이전과 확실히 달라진 점이 하나 있었다. 친구는 자산을 지키고 키워나가기 위해 꾸준히 법률 지식과 정책을 공부하고 누군가에게 설명할 수 있을 정도로 이해하고 있었다. 또 돈이 얽힌 일 앞에서 얼굴 붉히는 불상사가 생겨도 지혜롭게 대처할 수 있는 기술이 늘었다. "돈이 없어서 생기는 문제보다 돈이 많아서 생기는 문제가 더 많다."는 로버트 기요사키의 말처럼 자산가가 된다는 것은 끊임없이 금융 문제를 해결해나가는 훈련일지도 모른다.

　　나 역시 사업을 시작한 후 달라진 점이 있다. 무언가를 소비할 때 해당 사업체의 수익 구조를 구체적으로 상상해보는 것이다. 점심시간 동네 카페에서 7,200원짜리 드립 커피를 마시며 카페에 드나드는 사람의 수를 세어본다. 평수와 위치를 고려해 주변 매물과 비교하고 월세를 가늠해본다. 종업원 수, 원두값, 인테리어, 집기를 둘러보면서 수입과 지출액을 계산하고 손익 분기점^{BEP}을 예상한다. 여기까지 하고 나면 내가 시킨 드립 커피가 왜 7,200원이 되었는지 사장님의 계획을 어느 정도 이해할 수 있게 된다. 이렇게 '사장님 되어보기' 상상은 소비자를 넘어 사업가가 되어보는 간접 경험이다. 이런 호기심과 상상력은 나를 자본 시장에 자연스럽게 참여하게 한다.

　　이 책을 읽는 여러분도 어쩌면 자본 시장에 참여하는 일을 다음으로 미뤄두었을지도 모른다. 목돈이 생기면, 투자를 시작하면, 결혼을 하면… 그러나 자산 취득 여부보다 중요한 것은 자본 시장에 참여하고 있다는 감각이다.

돈을 쓰는 행위에 머무르는 것이 아니라 돈이 흐르는 방향을 추적하고 자본이 생물처럼 움직이는 것을 관찰할 수 있다면 자본 시장에 참여하고 있는 것이다. 목돈이 없어도, 투자를 하지 않았어도, 결혼을 안 했어도 이렇게 꾸준히 연습 문제는 풀 수 있다.

가까운 곳에 있는
부자를 찾아라

이미 우리 주변에는 경제적 자유를 이룬 사람들이 있다. '주변'이라고 해서 아주 가까운 사이가 아니어도 괜찮다. 여섯 단계만 거치면 지구상 대부분의 사람과 연결될 수 있다는 케빈 베이컨의 말도 있지 않나. 나는 친구가 전 회사를 다닐 때 같은 사무실을 써서 알게 됐다는 한 이사님을 찾아간 적이 있다. 친구의, 전 회사의, 같은 사무실을 사용한… 어떻게 보아도 전혀 접점이 없는 사람이었지만 용기를 내보기로 했다. 이사님은 30대부터 부동산 투자를 시작해 50대인 현재는 100억원대 자산가가 되어 리츠 투자 회사를 운영하고 있었다. 따뜻한 커피 두 잔을 들고 찾아간 사무실에서 이사님은 처음 보는 나를 따뜻하게 환대해주었다.

"어떻게 하면 부자가 될 수 있나요?" 그게 궁금해서 무작정 찾아왔다는 나를 보고 이사님은 미소 지었다. 자신에게 돈을 빌려달라는 사람은 많아도 어떻게 부자가 될 수 있는지 묻는 사람은 내가 처음이라고 했다. 종이와 펜을 들고 지난 20년 동안 있었던 투자 스토리를 나에게 낱낱이 들려주었다. 그때 나는 '몸테크•'라는 말을 처음 알게 되었다. 100억대 자산가도 그 시작은 결혼 후 가족과 함께 25평 전세에서 18평 자가로 옮기며 몸테크를 했다고 한다. 은행 대출을 최대한 활용하는 방법, 세금을 합법적으로 줄일 수 있는 방법, 수요와 공급의 법칙에 따라 부동산 시장을 내다보는 안목, 두려움을 뛰어넘는 실행력 등 그동안 책에서만 봤던 이야기를 실체가 있는 인물에게 직접 들으니 완전히 다른 느낌이었다.

회사 동료였던 분의 친구를 찾아간 적도 있다. 20대

• **몸테크**: '몸'과 '재테크'의 합성어로, 재건축이나 재개발, 교통개발 호재를 바라며 지어진 지 오래된 집에서 불편을 감수하고 거주하며 차익을 기대하는 것.

에 주식을 시작해 30대에 경제적 자유를 이루고 지금은 사업을 하는 분이었다. 앞에 만난 이사님과 마찬가지로 이 분도 나를 따뜻하게 환영해주었다. "저도 이런 얘기 하는 건 처음이네요. 다들 제가 부럽다고만 하거든요."라며 운을 뗀 그는 차트 읽는 법이나 PER, PBR 의미 해석 등은 전혀 해주지 않았다. 책이나 블로그를 정독하면 충분히 알 수 있는 내용이라고 하면서. 대신 자신이 왜 특정 종목에 재산의 절반을 넣어놨는지에 대해 논리정연한 스토리를 들려주었다.

이렇게 가까운 곳에 있는 부자를 직접 찾아간 경험은 두고두고 나에게 등불이 되어주었다. 그들을 직접 만나면서 느꼈던 특유의 여유로운 분위기는 단순히 경제적 풍요로움 때문만은 아니었다. 그들에게는 마음에서 나오는 넉넉함이 있었다. 자신의 스토리를 나누며 나에게 도움을 주려는 마음이 느껴졌다. 어떤 정보도 숨기지 않고 다 이야기해주는 모습에서 오히려 '이런 것까지 말해주신다고?' 하고 놀라기도 했다. 짧은 시간이었지만 함께 시간을 보내는 동안 자신의 투자 소신과 원칙이 뚜렷하다는 것이 무엇인지, 급변하는 시장 상황이나 대중의 심리에 쉽게 흔들리지 않는다는 것이 어떤 것인지 직접적으로 느낄 수 있었다. 그 배움은 100권의 책을 읽는 것보다 나았다.

작은 성공은 혼자 가능하지만 진정한 성공은 누군가 도와야 이뤄진다. 나다운 경제적 자유를 이루고 싶다는 꿈을 품기 시작했을 때 혼자 생각만 하지 않고 주변 친구들에게 꿈에 대해 이야기를 한 적이 있었다. 그때 내 이야기를 귀담아 들어주었던 친구들이 그 두 분을 만날 수 있게 적극적으로 다리를 놓아주었다. 경제적 자유를 이룬 사람들은 생각보다 멀리 있지 않다. 조금만 눈을 크게 뜨고 귀를 활짝 열면 가까운 곳에서 살아 있는 부자의 이야기를 들을 수 있다. 재미있는 것은 무작정 만남을 요청했을 때 그분들이 모두 흔쾌히 받아주었다는 것이다. 아무리 찾아도 가까운 곳에서 찾을 수 없다면 인상 깊게 읽은 책의 저자에게 직접 연락해보는 방법도 좋다. 혹시 아는가. "이렇게 직접 연락을 주신 분은 처음이네요. 모두 그냥 제 책을 읽기만 하거든요."라고 말할지!

자신의 발전을 위해
투자하라 – 지식, 경험, 사람

"자산의 종류에 대해서 이야기해볼까요?"

"부동산이요." "주식? 채권?" "금이요." "사업체요."

"음… 나 자신이요."

자산에 대해서 이야기를 나누다 보면 '자기 자신'을 자산으로 꼽는 사람들을 만날 수 있다. 자기 자신도 자산이 될 수 있을까? 자기 자신을 자산으로 생각하고 적극적으로 투자할 줄 아는 사람은 그렇지 않은 사람과 비교했을 때 그 미래가 완전히 다를 것이다. 나도 나 자신을 중요한 자산으로 본다. 내가 가진 지식 자본intellectual capital, 경험 자본experienced capital, 사람 자본social capital은 중요한 자산이며 언제나 정확히 이 세 가지 지점에 투자하면서 많은 시간을 보내고 있다. 건강을 미리 관리하는 것도 '나'라는 자산을 돌보는 방법 중 하나다. 경제적 자유를 이루는 데 있어 자신의 발전에 투자하는 것만큼 정직하게 성과가 나는 항목이 또 있을까. '나'라는 자산을 잘 관리하고 발전시키기 위해서 그동안 투자해온 항목을 정리해보았다.

1. 지식 - 외국어, 책, 온라인 강의

영어와 중국어를 배워둔 것은 잘한 일이라 생각한다. 최신 자료나 질 높은 논문은 모두 영어로 먼저 나오기 때문에 그 정보를 누구보다 빠르게 습득하고 내 분야에 적용해볼 수 있다. 또한 경제와 관련된 책뿐만 아니라 경영, 사회과학, 심리학, 문학, 에세이 등 다양한 방면으로 독서하는 습관은 나 자신을 잘 이해할 수 있도록 도와주었다. 경제적 자유라는 꿈이 생겼을 때에도 단순히 돈의 액수가 아니라 진정으로 나를 행복하게 하는 것이 무엇인지 먼저 고민할 수 있었다. 개인적으로 만날 수 있는 기회가 희박한 훌륭한 사람들은 온라인 강의로 쉽게 만날 수 있었고 그들의 인사이트를 배우는 것은 대개 무료였다. 지구는 태양을 중심으로 돈다는 '지동설'보다 '설동설'을 믿는다. 설동설은 지구는 이야기說 중심으로 돈다는 뜻이다. 그동안 책과 강의를 통해 이야기를 습득하면서 두려움을 뛰어넘고 창업을 결심할 수 있었고, 어려움 속에서도 포기하지 않을 수 있었으며, 나아가 나다운 경제적 자유가 무엇인지 정의하고 실현하기 위해 노력하며 지금까지 성장할 수 있었다.

2. 경험 - 직장, 업무, 프로젝트, 창업, 부업

기간은 짧았지만 직장에서 미디어 분야에 대한 전문 지식뿐만 아니라 리더십, 협업, 관계 스킬을 배울 수 있었다. 직장은 돈을 받으면서 배울 수 있기 때문에 경험 자본을 쌓기에 아주 좋은 조건이다. 물론 회사 밖에도 기회는 많다. 내가 다닌 회사는 겸직이 금지였지만, 요즘은 많은 회사에서 겸직 금지 조항이 완화되었다. 사이드 프로젝트나 겸직을 통해 두 배의 경험을 할 수 있을 뿐만 아니라 부수입도 창출할 수 있다. 나는 창업하면서 다른 곳에서 얻을 수 없는 귀중한 경험을 많이 했다. 세상에 없는 새로운 서비스를 만들고 운영하는 경험, 좋은 동료를 구하기 위해 수개월간 애를 썼던 경험, 불편한 이야기일지라도 말해야만 했던 경험, 스스로의 한계를 인정하는 경험, 컴플레인에 직접 대처하거나 위기 상황에서 회사를 지키기 위한 노력 등. 아무도 훔쳐갈 수 없는 나만의 자산이 된 그 경험들은 내가 어떤 사람인지 알 수 있게 도와주었다.

3. 사람 - 기회, 네트워크, 가치

직장인이든 창업가든 멘토를 찾으면 내가 내딛는 다음 발자국에 힘이 실린다. 나의 멘토는 예상치 못한 분야인 요식업에서 만났다. 그분이 낸 책을 읽고 처음 연락을 하게 되었는데, 사업에서 가장 중요한 것은 '사람'이라는 것을 직접 실천하시는 분이었다. 결정이 어려운 상황이 오면 '만약 그분이라면 어떻게 할까?'라고 상상해보는 것이 큰 도움이 되고 있다.

창업 후 힘든 과정 속에서도 나의 비전과 미션에 공감하며 잠재 가치를 알아봐주는 분들을 만날 기회가 몇 번 있었다. 돌이켜보니 그분들을 만난 시기마다 사업이 성큼 성장했다. 책상마저 빌려 쓰던 시절에 우리 손을 붙잡고 첫 번째 투자자를 찾아가 피칭할 기회를 주셨던 스타트업캠퍼스 이지선 센터장님, 제대로 된 비즈니스 모델도 없는 상태인데 콘텐츠와 팀 역량만 보고 투자를 결정한 메디아티, 사람들의 마음을 치유하는 방법을 알려주신 상담심리사 김지연 선생님, 우리가 보내는 메시지가 더 많은 사람에게 닿을 수 있도록 책을 집필할 기회를 주신 휴머니스트 자기만의 방 출판 팀, 8평짜리 작은 공간에서 더 큰 꿈을 꿀 수 있도록 믿고 지지해주신 카카오벤처스 장동욱 수석님. 여기에 다 적지 못할 만큼 도움을 주신 분들이 많다. 그분들과의 인연을 통해 많이 배웠고, 나 역시도 다른 사람들에게 가치를 줄 수 있는 사람이 되려고 노력하고 있다. 이제 막 사회생활을 시작한 사람이 당장 경제적 자유를 얻겠다는 생각은 비현실적이다. 경제적 자유로 가는 길목에서 만나는 사람들과 깊게 교류하고 관계 맺으며 내가 가고 싶은 방향, 무엇을 얻고 싶은지 등 삶의 가치에 대해 충분히 고민해보는 것이 중요하다.

'나'라는 자산은 투자한 만큼 수익이 나는 정직한 투자 수단이다. 투자 대비 수익률ROI, Return On Investment도 매우 좋은 편이다. '지식 자본'으로 더 높은 연봉을 받는 곳으로 이직하거나 더 발전된 사업 모델을 만들 수도 있고, 몸으로 직접 해보면서 배운 '경험 자본'으로 삶의 복잡한 문제를 용기 있게 풀어나갈 수 있다. 또 '사람 자본'을 통해 가보고 싶었지만 아직 가보지 않은 길에 초대받기도 한다. 이 정도면 꽤 괜찮은 ROI가 아닌가.

1억원을 모으기 전까지는
잃지 않는 데 집중하라

"와, 1억이나 모았어? 정말 대단하네!"

"투자금이 1억밖에 없어요? 그것 갖고는 부족해요."

1억원의 의미가 이렇게나 달라질 수 있다니! 첫 번째는 친구와의 대화고 두 번째 대화는 부동산에서 나눈 대화다. 1억원까지 모으는 게 가장 힘들고 그걸 시드머니로 10억원을 만드는 것은 쉬운 일이라고들 말한다. 어찌 되었든 우리는 1억원을 모아야 한다. 1억원은 경제적 자유로 가는 첫 번째 관문이다. 1억원을 모으는 데 필요한 기술이 있다. 그건 바로 '잃지 않는' 기술이다. 투자 역사상 가장 뛰어난 투자가로 평가받는 워런 버핏은 "지금

까지 다섯 번의 경이로운 투자가 있었으며 그 외에는 모두 방어 투자"라고 말했다. 1억원을 모으기까지는 장밋빛 미래를 꿈꾸며 투자를 시작하는 게 아니라 최악의 상황을 견딜 수 있는가를 기준으로 투자 상품을 선택해야 한다. 태풍과 비바람이 몰아칠 때 얇은 문풍지로 된 문이 아니라 강철 문 뒤에 서 있어야 하는 것처럼 말이다. 그러기 위해서는 최대한 보수적으로 투자하고 안전 자산riskless asse 과 친해질 필요가 있다.

　1억원을 모으기 위해서는 우선 저축액을 늘려야 한다. 권장 저축률은 월 급여의 50% 이상이다. 월급이 들어오면 저축 통장으로 자동 이체시키고 남은 비용으로 지출하는 연습을 시작해보자. 처음에는 어렵지만 3개월 정도 지나면 서서히 적응이 되면서 불필요하게 낭비하고 있던 소비가 개선된다. 다만 한 번에 저축액을 늘리면 부담이 될 수 있으니 1천만원, 3천만원, 5천만원, 1억원 등 '단계'를 만들고 구체적인 계획을 세우는 것이 도움이 된다. 1년 간 1천만원을 모은다고 가정한다면 연 3% 적금으로 월 82만 2천원씩 납입하면 된다. 이렇게 단기 목표와 실천 계획을 세우면 목표 지점이 멀어도 지치지 않고 끝까지 갈 수 있다. 그 다음이 '투자'다. 수입을 늘리고(+) 지출을 줄이는 것(-)도 중요하지만 투자(×)를 추가하면 그 속도가 더 빨라진다.

1. 예금 보장 상품 가입

미국 실리콘밸리 은행[SVB]의 자금 위기가 부상한 지 36시간 만에 스마트폰 '뱅크런*'이 발생했다. 그 여파로 하루 새 56조원이 빠져나가며 SVB는 초고속으로 파산했다. 이제 은행의 붕괴는 상상 못 할 일이 아니다. 은행이 파산하면 내 예금은 어떻게 되는 걸까? 우리나라는 예금보험공사의 예금자 보호제도를 통해 각 금융기관당 5천만원까지 보호받을 수 있다. 예금보험공사나 각 금융기관 홈페이지에서 보호금융상품등록부를 찾으면 예금자 보호가 되는 금융 상품을 찾을 수 있다. 예를 들어 정기 예금, 저축 예금, 정기 적금 등의 상품이 대표적이며, 상품 설명 내에 '예금자보호' 라벨이 붙어 있는지 확인하면 된다. 이와는 별개로 우정사업본부, 즉 우체국은 예금 금액에 상관

• 뱅크런: 대규모 예금 인출 사태.

없이 전액을 국가에서 보장하고 있어서 거액 자산가들이 선호하는 편이다.

2. 안전 자산에 투자 - 금, 달러, 채권

수익성보다는 안정성을 택하자. 금은 전통적으로 대표 안전 자산으로 통한다. 인플레이션으로 물가가 상승하거나 코로나, 전쟁 등 경제 불확실성이 커지는 시기에 가치가 부각된다. 금값이 오르는 배경에는 여러 가지 이유가 있지만 통화량 증가와 관련이 있다. 주식 등 위험 자산에 대한 리스크 헤지hedge를 위해서라도 포트폴리오상 안전 자산에 일부 투자하는 것은 필요하다. 경제 위기가 계속되는 상황에서 전문가들은 통화 분산 차원에서 적당량의 달러를 확보하기를 권하기도 한다. 외화 예금 통장에 달러를 모으면 5천만원까지 예금자 보호가 된다. 정부나 지자체, 공기업에서 발행하는 채권도 안전 자산에 속한다. 정부나 지자체, 공기업은 망할 일이 거의 없기 때문이다. 이런 종류의 채권을 통해 높은 이자는 아니지만 안정적으로 이자를 받을 수 있다. 구체적으로는 정부의 국고채, 국민주택채권, 지방자치단체의 도시철도채권, 지역개발채권, 한국

은행의 통화안정채권 등이 있다.

3. 지수 추종 ETF에 적립식 투자 - 복리와 시간

"내가 갑자기 죽는다면 현금의 10%는 단기 국채에 넣고 90%는 S&P 500 인덱스펀드에 투자하라." 2013년 버크셔 해서웨이 주주 총회에서 워런 버핏이 자신의 유서 내용에 대해 언급해 화제가 됐다. S&P 500은 미국 시장의 지수를 추종하는 ETF 중 하나다. ETF는 Exchange Traded Fund의 약자로 '상장지수펀드'를 뜻한다. ETF는 KOSPI200 등 특정 지수의 움직임과 수익률이 연동되도록 설계된 투자 상품이다. 전기차에 투자하고 싶은데 어떤 종목을 사야 할지 복잡하다면, 각각 선택할 필요 없이 전기차 기업과 친환경 에너지 발전 기업의 ETF에 투자하면 된다. ETF는 특정 회사에만 투자하지 않고 지수 구성 종목 전체에 분산 투자하기 때문에 개별 주식에 비해 변동성이 비교적 적다. 현재 주식 시장은 여러 악재로 변동성이 높은 상황이다. 지수 추종 ETF는 투자가 어렵고 불안하게 느껴질 때 초보 투자자들이 보다 안정적으로 투자할 수 있는 방법 중 하나다. 우량 기업주 중심으로 선정하기 때문에 주가가 안정적이고, 장기적인 관점에서 우상향한다는 장점이 있다. 적립식 투자란 매달 정해진 액수를 특정 자산에 정기적이고 장기적으로 넣는 투자를 말하는데, 이런 투자의 장점은 시간에 따라 복리가 붙는다는 점이다. 이자까지 재투자하는 복리는 시간이 가면 갈수록 수익이 눈덩이처럼 불어나게 된다.

세계적 투자전문가 리처드 번스타인은 "인터넷 확산으로 정보의 양은 많아졌으나 주식 투자 실적이 과거보다 개선되지 않았다는 사실을 보면, 도처에 널려 있는 대부분의 정보는 소음Noise인 경우가 많다. 소음과 진짜 정보를 구분하는 것이 투자의 핵심"이라고 말했다. 투자는 정보력이다. 다만 지나치게 많은 정보가 투자 판단을 흐리게 만드는 것도 사실이다. 내가 직접 확인하고 판단하지 않은 정보는 아무리 친한 친구의 말이라도 다시 살펴봐야 한다. 쏟아지는 정보 속에서 자신만의 철학을 굳건히 지켜나가는 노력이 필요하다. 버핏은 "특별한 결과를 얻기 위해서 특별한 일을 할 필요는 없다."고 말한다. 단순한 것이 때로는 복잡한 것을 이긴다.

앞의 세 가지 방법이 누군가가 보기에는 꽤 방어적으로 저축하고 투자하는 것처럼 여겨질지 모른다. 주변에서 개별 성장주에 투자해 수익률이 30%가 되었다는 얘기를 들으면 흔들릴 수도 있다. 그럼에도 불구하고 무엇보다 중요한 것은 시드머니를 '잃지 않는 것'이다. 투자도 단계마다 적용하는 원칙과 기술이 다르다. 1억원을 모으기 전까지는 시간이 드는 것처럼 보여도 안전함을 보장하며 꾸준히 실천할 수 있는 원칙을 고수하자. 이 길이 보수적인 것처럼 보여도 가장 빠른 길이다.

나는 얼마가 있으면
행복할까?
– 돈으로 할 수 있는 것

돈으로 행복을 살 수 있을까? 연구에 의하면 돈이 행복에 미치는 영향은 약 10% 정도로 행복을 '전부' 살 만큼은 아니며 가진 액수 자체보다 중요한 것은 '어떻게 쓰느냐'에 달렸다고 한다. 그럼 어떻게 돈을 쓰면 행복할까? 우선 물질보다 경험을 소비할수록 행복하다고 한다. 같은 물건을 사도 충동적이거나 과시적으로 구매하는 것보다 그 물건에 개인적 의미를 담을 때 높은 행복감을 느끼는 것이다. 또 다른 연구에 따르면 자기 자신보다 타인을 위해 돈을 쓸 때 더 높은 행복감을 느낀다고 한다. 같은 물건이라도 자신을 위해서 살 때보다 아픈 아이들을 위한 기부 목적으로 살 때 더 큰 행복감을 느끼는 것이다. 소득 수준과 상관없이 기부와 봉사 활동을 많이 하는 사람들이 그렇지 않은 사람들에 비해 행복한 경향도 나타난다. 총 얼마를 쓰느냐와 별개로 '자기 성격에 맞는' 물건이나 서비스를 많이 구매할 경우 그렇지 않은 경우에 비해 더 행복도가 높게 나타났다. 예를 들어 외향성이 높은 사람들은 여행, 외식, 운동, 건강용품에 돈을 쓸 때, 외향성이 낮은 사람들은 이들 항목보다 책 구입 등에 돈을 쓸 때 비교적 더 행복한 것으로 관찰되었다.

백화점에서 산 그릇 세트보다 4주 동안 직접 빚어낸 손자국이 남은 그릇 하나에 더 정이 가고, 커피와 디저트로 만원을 쓸 때보다 매달 만원을 기부하면서 마음이 더 넉넉해진다. 외식으로 10만원을 쓸 때보다 시장에서 제철 식품을 구매해 집에서 맛있는 식사를 만들어 먹을 때 더 편안함을 느낀다. 물질보다는 경험에, 자기 자신보다는 타인을 위해, 또 자기 성향에 맞는 소비를 할 때 행복감을 느낀다는 게 꽤 맞는 말 같다.

돈을 '어떻게 쓰느냐'에 따라 10%의 행복이 보장된다면, 나머지 90%의 행복은 어디서 오는 걸까? 100% 행복한 인생을 설계하기 위해서 '돈이 필요한 장면'과 '돈이 필요하지 않은 장면'으로 나눠보았다. 돈이 행복의 전부가 아니라는 것은 자명한 진실이지만 적어도 10%만큼은 그 역할을 충실히 하고 있다.

1. 400평 숲에 집 짓기

개인적인 꿈이 하나 있다. 숲속에 집을 짓고 사는 것이다. 어디에서 살지 결정하는 것은 어떻게 살지 선언하는 것과 비슷한 것 같다. 숲은 나에게 주체성의 회복을 의미한다. 이유도 모른 채 빨리 달리는 도시의 속도에서 벗어나 자연과 함께 살며 나만의 속도를 되찾는 것이다. 굳이 집을 짓고 싶은 이유는 우리 가족의 생활 양식에 꼭 맞는 공간을 만들고 싶어서다. 가족의 범위가 점점 더 넓어지고 있는 이 시대에 안방 한 개와 작은방 두 개로 나뉘는 전통적인 4인 가족의 틀에서 벗어나, 삶과 일이 충분히 어우러지는 집을 짓고 싶다. 한 채는 2층으로 생활과 작업 공간으로 나누고, 나머지 한 채는 단체 명상을 할 수 있는 유르트YURT 형태로 총 두 채의 공간을 구상하고 있다.

파주나 양평 등 서울 근교 숲의 경우 약 400평의 임야 시세는 3~4억원 정도다. 집 건축 비용은 자재에 따라 천차만별인데 목조 주택으로 중간 정도 퀄리티의 자재를 사용한다면 2023년 3월 기준 평당 750~800만원 정도로 예상된다. 생활 공간과 작업실(3억 2천만원), 유르트(1억 6천만원)에 대한 건축비는 약 4억 8천만원이다. 물론 건축에 필요한 기타 비용(기반 시설 인입비, 조경비 등)과 세금은 제외했다. 정리하면 숲에 집을 짓기 위해서는 약 8~9억원이 필요하다.

위치: 서울 근교(파주, 양평, 남한산성…)
숲 크기: 300~400평
집 크기: 2층 건물 40평(1층 생활 공간, 2층 작업실),
         유르트 20평(단체 명상실)
집의 형태: 목조 주택(방 3개, 욕실 2개)

2. 웰니스 창업가 재단 만들기

한국판 '토키와 장'을 만들고 싶다. '토키와 장'은 일본 만화가들이 한데 모여 지내면서 서로 일을 돕고 아이디어를 주고받던 주택으로 1950~1960년대에 지어져 운영되었다. 신인 만화가를 대상으로 거주 및 창작 지원 프로젝트를 운영하며 선배 만화가가 후배를 위해 월세를 대신 내주기도 했다. 아톰을 그린 전설적인 만화가 데즈카 오사무를 배출한 곳이기도 하다. 더 안전하고 건강한 사회를 만들기 위해 고군분투하는 웰니스 분야 창업가들의 거주와 생활을 직접 지원하고, 그들이 잘 자리 잡은 후 다시 새롭게 도전할 후배들을 위해 아낌없이 지원하며 창업가들의 관계 선순환을 만들고 싶다. 이러한 비영리, 공익법인 설립 시 일반적으로 드는 비용은 5억원 이상이다.

3. 가족과 함께 1년에 두 번 여행 떠나기

"이렇게 살아도 되는구나 싶었어." 프랑스에서 교환학생 생활을 한 동료 J는 그때 시절을 그렇게 회상한다. 수업이 끝나면 친구들과 함께 바다에서 수영하고 모래 위에 누워서 사색하는 시간을 보냈다고 한다. 여행은 다양한 삶의 방식을 습득할 수 있는 통로인 것 같다. 비슷한 색의 옷을 입고 비슷한 표정을 지으며 사는 세상을 잠시 벗어나 '조금 다르게 살아도 괜찮다'는 말을 실감하는 여행을 1년에 두 번 정도는 하고 싶다. 1인당 해외여행 평균 예산은 304만원으로 2인 가족 연 2회 해외여행 경비에는 약 1,200만원이 필요하다. 35세부터 75세까지 약 40년 동안 매년 여행을 한다고 했을 때 인플레이션을 고려하지 않고 약 4억 8천만원이 든다.

'나는 얼마가 있어야 행복할까?'라는 질문에 대한 나의 대답은 이제 명확해졌다. 18억 6천만원이다. 대략 20억원이 있으면 나는 경제적으로 자유롭다고 느낄 것이다. 이것은 나만의 고유한 해답이다. 왜냐하면 단순히 20억원이라는 금액만 생각한 것이 아니라 그 돈을 '어떻게' 사용할 것인지 구체적인 장면을 그렸기 때문이다. 20억원이라는 나만의 숫자를 마주하니, '100억원 정도는 벌어야 부자'라는 근거 없는 압도감에서 자연스럽게 벗어날 수 있게 되었다.

그렇다면 20억원을 어떻게 벌까? 구체적인 목표가 생기면 구체적인 계획이 생긴다. 우선 순소득을 높인다. 나의 경우 사업을 꾸준히 확장해나가는 것이다. 다음으로 자신이 세운 투자 원칙에 맞게 저축 또는 투자를 하며 자산을 불려나간다. 이때 단기, 중기, 장기와 같은 단계별로 목표를 세워야 지치지 않고 끝까지 해나갈 수 있다. 20억원을 모으기 위해 5천만원, 1억원, 3억원, 5억원, 10억원… 등의 목표 금액과 기간을 정해둔다. 이 기간 동안 재테크를 공부하며 좋은 자산이 저렴하게 나오는 타이밍에 맞춰 다음 자산으로 점프하거나 분산 투자하는 식으로 점차 자산을 키워나간다. 소득 증대, 저축, 자산 투자만큼 중요한 것이 '자기 자신에 대한 투자'다. 독서, 교육, 네트워크 등의 기회에 적극적으로 참여해본다. 그런 기회를 통해 경제적 자유에 대한 영감을 얻고 직접적으로 도움을 받을 수도 있다. 이런 방법을 꾸준히 실천한다면 내 나이 45세 정도면 꿈꾸던 모습에 다가가 있지 않을까.

어디로 가야 할지 방향이 정해지자 속도가 붙었다. '숲에 집 짓기, 웰니스 창업가 재단 만들기, 가족과 함께 1년에 두 번 여행 떠나기'라는 세 가지 명화가 담긴 액자를 사기 위해서 필요한 숫자를 알아냈다. 그리고 그 액자 속 장면들은 나에게 강한 동기부여가 되고 있다.

나는 얼마가 있어야 행복할까?
– 돈이 없어도 할 수 있는 것

얼마 전에 약속이 있어 강남역 근처에 간 날, 소화가 잘 안 되고 어지러움을 느꼈다. 많은 사람들, 높은 건물들, 빵빵거리는 자동차들… 공백이 없이 빽빽하기만 한 공간에서 어디에 눈을 두고 쉬어야 할지 몰라서 계속 심호흡을 했다. 버스 안에서는 멀미 때문에 바람을 쐬려고 창문을 열자 매캐한 공기가 코를 찔렀다. 강남역 근처에 있던 시간이 마치 고문 같았다. 소란스러운 환경을 조금도 견디지 못하는 고집스러운 내가 조금 밉기도 했다.

다음 날, 동네 골목을 걷다가 정연하지 않게 핀 들꽃을 만났다. 분명 누가 심어놓은 것이 아니라 씨앗으로 자유롭게 날아다니다가 자기 자리를 스스로 선택해 핀 꽃들이었다. 나는 그 작은 들꽃 앞에 서서 비로소 편안함을 느꼈다.

들꽃은 화려하지 않은 모습으로 존재한다. 그저 사소한 꽃망울을 하나 틔우는 것만으로도 충분하다는 듯이 말이다. 들꽃은 아무래도 꽃이 필 것 같지 않은 곳에서 꽃을 피워낸다. 주어진 환경을 탓하지 않고 자기 자신에게 허락된 자리를 겸허하게 받아들이는 듯이 말이다. 들꽃은 혼자서 아름다움을 뽐내지 않고 다른 풀이나 나무들과 하나가 되어 어우러진다. 포용함으로써 완전해진다는 것을 아는 듯이 말이다. 부의 상징인 강남이 아니라 들꽃이 핀 동네의 좁은 골목에서 나는 '사소하고 겸허한, 그리고 포용하는 행복'에 대해 알게 되었다.

1. 사소한 행복

친구네 부부를 집으로 초대했다. 지난여름에 제주도로 2박 3일 가족 여행을 간 동안 우리 강아지를 정성스레 보살펴준 친구들이다. 고마움을 전하기 위해 샐러드와 샌드위치를 만들고 수프를 끓여 함께 나눠 먹었다. 두 사람만을 위한 하나뿐인 메뉴판도 만들었다. 삐뚤빼뚤한 손글씨로 오늘의 메뉴를 쓰고 색연필로 꾸미니 별것 아닌 작은 이벤트가 서로의 마음에 닿아 커다란 기쁨이 되었다. 가끔 이렇게 친구들을 초대해 직접 소박한 요리를 함께 나누며 소박하지 않은 행복을 느낀다.

2. 겸허한 행복

"와, 애니시다네!"

"너 제법이다. 이제 꽃 이름도 다 외우고."

어느 봄날, 동네 꽃집을 지나가며 노랗게 핀 꽃의 이름을 부르니 함께 걷던 J가 놀란다. 꽃이나 식물, 나무에 관심을 갖고 하나하나 이름을 알게 된 건 꽃집을 운영하는 친구를 사귄 후부터다. 친구는 자연을 아끼고 언제나 자연과 가까이 지내는 사람이다. 함께 종종 남산을 오르면서 친구는 나에게 꽃과 나무의 이름을 알려주었다. 봄에는 아름다운 꽃망울을 터뜨리고, 여름에는 푸르른 녹색을 품고, 가을에는 붉은 잎들을 머금고, 겨울에는 모든 것을 내려놓는 나무를 가까이에서 관찰하면서 지금 겪고 있는 어려운 문제에 대한 해답을 얻기도 했다. 욕심부리지 않는 것, 주어진 결과에 겸허한 마음을 갖는 것, 그리고 내가 할 수 있는 일을 하는 것. 이렇게 천천히 느긋하게 자연 속을 거닐며 다시금 행복해지곤 한다.

3. 포용하는 행복(와비사비)

BBC의 〈대결! 맛있는 패밀리THE BIG FAMILY COOKING SHOWDOWN〉라는 요리 경연 프로그램을 재미있게 봤다. 단순한 요리 대결이 아니라 요리를 좋아하는 가족이 한 팀이 되어 각 집안마다의 요리법으로 맛있는 집밥을 차린다. 전문적인 셰프는 아니지만 요리를 무척 사랑하는 가족들이 출연하고 중동, 아시아, 아프리카 등 다양한 가정식을 구경할 수도 있다. 이 프로그램이 특히 나에게 의미 있게 다가온 이유는 온 가족이 요리를 함께 만들며 끊임없이 협동하고 대화하는 장면 때문이었다. 물론 그들은 요리사만큼 결과물도 잘 만들어내지만 그것 자체는 덜 중요하게 느껴졌다. 내가 자란 환경은 음식을 할 줄 아는 사람 한 명이(대개는 엄마) 모든 요리를 혼자서 만들고 나머지 가족들은 다 차려진 상에 와서 먹기만 했다. 과정은 없고 결과만 있는 셈이다. 잘한 일은 아니지만 나는 후자에 속해서 요리를 하지 않았을뿐더러 배울 기회도 없었기 때문에 성인이 되어서도 요리는 젬병이었다. '와비사비'라는 말을 알기 전까지는 말이다. '와비사비'란 일본의 미적 관념 중 하나로 불완전함을 포용하는 삶, 완벽하지 않은 것들을 귀하게 여기는 마음을 뜻한다. 양파 채 써는 법을 잘 몰라도 괜찮았다. 완벽하게 썰지 못해도, 정돈되지 않고 어질러져도, 손이 굼떠서 시간이 두 배로 걸려도 괜찮았다. 그렇게 함께 사는 J를 도와 조금씩 요리를 하기 시작했고 요즘은 썩 괜찮은 보조 셰프로 불리고 있다. 큰 기대를 받지는 못

해도 자기 갈 길을 아는 듯이 존재하는 들꽃처럼, 부족한 듯하지만 과정에서 충만함을 느끼는 활동을 할 때 행복하다. 언젠가 우리 가족도 〈대결! 맛있는 패밀리〉에 나갈 수 있지 않을까?

4장

나다운
경제적 자유 찾는 법

: 지금부터 경제적 자유를 위한 방법 실천하기

지출 통제
- 미니멀리스트 되기

한때 미니멀리즘이 유행이었다. 하얀 방에 네모난 책상과 침대 하나로 대변되는 미니멀리스트의 삶을 엿보면서 '나도 미니멀리스트가 되어볼까?' 하고 생각한 적이 있다. 그때는 생각으로 그쳤는데, 앞으로 2년 뒤쯤 이사를 계획하면서 천천히 집 안의 물건들을 정리하고 있다. 요즘의 나는 몇 년 동안 입지 않은 니트를 들고 '이게 정말로 나에게 필요한가?' 생각해본다. 옷, 신발, 책, 카메라, 가구 등등. 굳이 미니멀리스트가 되기 위해 물건을 정리하기 시작한 것은 아니었는데, 꼭 필요한 것만 남게 되니 자연스럽게 삶이 간소해졌다.

경제적 자유를 꿈꾸는 사람들에게 지출 통제는 필수 과정이다. 하지만 단순히 '나도 저 사람처럼 한 달에 10만 원 쓰기 챌린지를 해볼까?' 하는 생각으로 시작하면 오래 가지 못한다. 지출 통제를 하려는 나만의 이유를 먼저 찾아야 한다. "사람들은 껍데기 안에 영혼이 있다는 것을 알지 못해요." 영화 〈가재가 노래하는 곳〉에 나오는 대사다. 400평 숲을 사고 직접 집을 짓는 것, 그리고 가족들과 충분한 시간을 보내는 것은 말하자면 나의 '껍데기' 아닐까. 나는 왜 숲속에 집을 짓고 싶어 하는 걸까? 그렇게 하는 것이 나에게 무슨 의미일까?

1) 내가 살고 싶은 삶을 만드는 것
2) 고유한 나의 모습을 표현하는 것
3) 나답게 사는 것

위 세 가지 이유를 노트에 꾹꾹 눌러 적었다. 오늘도 불필요한 욕구에 속지 않고 지출 통제를 해야 하는 이유를 말이다. 지출 통제 → 종잣돈 마련 → 자산 투자×n →

여윳돈 마련 → 택지 구매 → 집 짓기까지. 지금의 지출 통제가 미래의 어떤 장면과 연결되어 있는지 감각해보는 것이다.

1. '최대한'의 절약 시스템 만들기: 30만원으로 한 달을 버텨보자

월 30만원은 '하루 2만원 지출'을 목표로 하는 내게 딱 반절인 금액이다. 매일 먹던 김밥 한 줄(4,000원)과 커피 한 잔(5,000원)을 모두 집밥으로 바꿨다. 식재료는 배달까지 척척 해주던 동네 프리미엄 마트 대신 3~4킬로미터 정도 떨어진 전통 시장에서 최대한 흥정해서 산다. 마트와 시장의 가격이 크게는 두 배 이상 난다는 걸 알게 되었기 때문이다. 카페와 식당, 편집숍, 옷집이 즐비한 산책길 대신 뒷산을 오르고, 4주에 한 번씩 가던 미용실은 6주로 간격을 늘렸다. 한 달에 9만원씩 회원비를 내던 역세권의 수영장을 그만두고 3개월에 9만원인 구립 수영장에 등록했다. 옷장에 마구잡이로 쌓인 다음 계절 옷들을 세탁하고 다림질을 했다. 올여름에는 충분히 새 옷 없이도 지낼 수 있을 것 같다. 매달 강아지 심장사상충 약으로 나가는 비용(16,000원)은 해외 직구로 바꾼 후 월 9,000원으로 줄었다. 한 달에 2~3권씩 사던 책은 시립 도서관에서 빌려 읽거나 희망 도서 신청을 통해 몇 주 기다렸다가 읽었다. 그렇게 월 30만원 챌린지에 성공한 후 다시 월 60만원으로 돌아오자 오히려 매우 풍족한 기분이 들었다. 기존 월 지출 금액에서 반절로 줄이는 이 챌린지는 '어느 정도'의 절약이 아니라 '최대한'의 절약 시스템을 만들 수 있게 도와주었다. 어느 부분에서 좀 더 줄일 수 있는지, 여전히 편리하다는 이유만으로 갑절로 나가고 있는 금액은 없는지 꼼꼼하게 살필 수 있게 되었다. 또 지출할 때마다 무엇을 위한 소비인지 세 번 이상 생각한 후 결정하니 감정적 소비도 0에 수렴했다.

2. 다른 사람들의 시선 의식하지 않기: SNS에서 로그아웃하자

오마카세, 명품 가방, 휴양지 여행, 콘서트, 뮤지컬 관람, 호캉스… 이 모든 것들이 한데 모여 있는 곳은 어딜까? 바로 SNS다. SNS는 소비를 자랑하기에 안성맞춤인 공간으로, 과소비가 당연한 것처럼 보인다. SNS에서 오래 머물다 보면 상향 비교, 하향 비교할 것 없이 끊임없이 남과 나를 비교하게 되고 열등감과 질투심이 생겨난다. 나는 지출 통제를 시작하며 SNS에서 완전히 떠나보기로 했다. 다른 사람들의 소식을 보지 않게 되자 누군가 크로플을 먹었기 때문에 나도 크로플을 먹고 싶어지는 날들이 줄었다. 여름 휴가로 호텔 수영장이나 제주도에 가지 않아도 되었다. 맛있는 음식을 먹거나 좋은 곳에 놀러 가더라도 SNS에 업로드할 필요도 없었다. 경험하는 모든 일은 사진으로 남기지 않고 기억 속에 남겼다. 진짜로 '즐거운 것'과 진짜로 즐겁다는 것을 '보여주는 것'은 다르다는 걸 알게 되었다. SNS에서 로그아웃한 후부터 나는 사람들이 알고 있는 것보다 더 행복하게 살고 있다.

3. 삶의 질과 투자 의욕을 높이기 위한 소비하기: 나를 위한 소비는 포기하지 말자

내게 가장 중요한 한두 가지에만 돈을 쓰고 나머지는 저축한다면, 삶의 만족도를 80% 정도로 유지하면서 저축하는 습관도 오래 유지할 수 있다. 극단적으로 아끼는 것은 삶에 대한 만족도가 떨어져서 지속 가능하지 않다.

나는 디저트를 정말 좋아한다. 인생에는 초콜릿이 필요한 순간이 있다고 하지 않나. 쿠키, 케이크, 마들렌, 휘낭시에, 에클레르 등 좋아하는 메뉴도 다양하다. 일주일에 한두 번 정도 달콤한 케이크 한 조각을 먹을 때는 어떤 어려움도 좋게 해결할 수 있을 것 같은 기분마저 든다. 조금 과장해서 말하면 8,000원짜리 디저트 하나가 삶에 용기를 불어넣어준달까.

그 외에도, 유료 투자 강의나 관련 네트워크 모임은 포기하지 않는다. 내가 가고자 하는 길을 이미 가본 사람들의 이야기를 직접 들을 수 있는 중요한 기회이기 때문이다. 그런 기회를 만나고 나면 투자 의욕도 더 강하게 생겨서 선순환 효과가 있다. 이 두 가지 외에 나머지 소비는 철저하게 통제하며 지낸다. 디저트도 먹으면서 오마카세도 가고 호캉스도 누릴 수는 없다.

수입 증대
- 현금 흐름 관리하기

월급보다 물가 더 올라... 지난해 실질소득 1.1% 줄어

<동아일보> 2023. 2. 24

밥상물가에 주거비까지 월급만 빼고 다 올랐네

<중앙일보> 2022. 3. 3

월급으론 답 없다... 퇴근 후 알바 뛰는 N잡 직장인들

<한국경제> 2022. 3. 6

우리나라의 근로소득 성장률은 아주 낮다. '계란을 한 바구니에 담지 말라'는 분산 투자 원칙은 회사에도 적용된다. 투자도 올인하면 실패할 확률이 높듯이 회사에만

올인하는 것은 경제적으로 위태로워질 확률이 높다. 다시 말해, 연봉이 높고 낮음과 상관없이 회사 밖에서 다양한 소득원을 만들어놓는 편이 좋다. 바다에서 낚시를 하는 데 낚싯대가 한 개밖에 없다면, 그 낚싯대가 강풍에 부러졌을 때 고기를 잡아 올릴 기회를 영영 잃어버리게 된다. 낚싯대는 여러 개일수록 안전하다. 부와 관련한 수많은 서적에서는 입을 모아 수입을 늘리기를 권한다. 그런데 어떻게 하면 수입을 늘릴 수 있을까?

먼저 현재 수입을 점검해보자. 수입이라고 하면 단순히 월급만 생각하는 경우가 있는데 꼭 그렇지만은 않다. 월급과 같은 주수입 외에도 부수입, 저축이나 투자, 보험 등으로 수입의 종류를 나눌 수 있다. 주수입은 다시 급여, 상여, 사업소득, 기타로 나누고, 부수입은 이자, 배당금, 기타로 나눈다. 저축과 보험은 예금, 적금, 펀드, 보험, 투자, 기타로 나눌 수 있다. 이렇게 자신의 월 수입 흐름을 파악하고 난 후 추가 수입 창출 계획을 세워본다.

현재 수입 점검 → 월 수입 흐름 파악 → 추가 수입 창출 계획

		급여
수입	주수입	상여
		사업소득
		기타
	부수입	이자
		배당금
		기타
	저축/보험	예금
		적금
		펀드
		보험
		투자
		기타

1. 부캐 키우기 : 내가 할 수 있는 일 중에 돈을 벌 수 있는 일이 뭐가 있을까?

20대에 들었던 말 중에 기억에 남는 말이 하나 있다. '누군가 나에게 마이크를 줬을 때 언제나 할 말이 있는 사람이 되어야 한다.' 지난 6년간 회사 대표로 일하면서 '말

하는 일'은 나의 주요한 업무였다. 회사의 과거와 현재 그리고 미래에 대해 짧게는 1분, 길게는 한 시간 동안 설명하는 일을 해야 했다. 무수히 전달하고 설득하고 방어하면서 유연하게 말하는 기술을 얻었다. 정확하게 이 지점을 회사 밖에서도 키워보기로 했다. 내가 뛰어든 회사 밖 분야는 '경제'였다. 경제 공부를 시작하면서 11부터 무한대로 뻗어 나가는 정보는 많은데 0부터 10까지의 기초 정보 찾기가 무척 어렵다는 것을 깨달았다. 나는 현재 경제 공부를 막 시작하려는 사람들을 대상으로 월 2회 정기 강의를 하며 추가 수입을 얻고 있다. 경제 전문가가 아닌데 어떻게 강의를 할 수 있었을까? 내가 경제 전문가가 아닌 점을 오히려 더 활용했다. '제가 다 알려드립니다'라는 식이 아니라 '경제적 자유를 응원하는 친구를 만나러 오라'고 말하면서 사교육이 아니라 커뮤니티로서 차별화될 수 있었다. '말하기'를 통해 회사 밖 수입을 만들게 된 계기는 그것을 나만의 자산으로 인식하면서부터였다. '말하기'와 '말하는 일'은 다르다. '말하기'는 누구나 할 수 있지만 '말하는 일'은 주어진 시간, 상황, 청중에 따라 메시지의 길이, 핵심 내용, 톤을 기획하는 일이므로 아무나 할 수 없다.

2. 오아시스 파이프라인 만들기 : 일하지 않으면서도 발생하는 소득원을 어떻게 만들까?

사막에 사는 두 친구는 매일 수십 킬로미터 떨어진 오아시스에서 마을까지 물을 떠 와서 마시며 살고 있었다. A는 매일 성실하게 오아시스까지 걸어갔고, 그 과정에서 지친 B는 '다르게 할 수 없을까?' 스스로 질문했다. 그 결과 오아시스에서 마을까지 파이프를 연결할 수 있는 방법을 생각해냈다. 파이프를 연결하는 동안은 물을 마시지 못해서 힘들었지만, 드디어 파이프가 연결되자 B는 이제 오아시스까지 직접 걸어가지 않아도 마을에 앉아서 물을 마실 수 있게 되었다.

돈을 관리하면서 이 우화가 기억났다. 모든 소득이 월급처럼 똑같이 창출될 필요는 없다. 월급은 직접 일하고 한 달에 한 번 받는 소득으로, 적극적이고 선형적인 소득이다. 내가 직접 일하지 않고도 지속적으로 받는 소득을 만들 수는 없을까? 배당주 매입이나 수익형 부동산에 투자하는 것이 하나의 방법이 될 수 있고 부업을 통해 '시스템'을 만들 수도 있다. 내가 빠져도 돌아가는 시스템을 구축하는 것이다. 예를 들어 내가 만든 경제 모임에서는 나와 같은 역할의 티처로 활동할 사람들을 모집해 교육한 후 내가 직접 모임을 열지 않아도 수익이 나는 지점 형태를 구축했다.

3. 투자 다각화하기: 불황을 이기는 안전한 투자는 어떻게 할까?

투자 다각화는 앞서 소개한 1과 2를 통해 발생한 추가 소득을 소극적 소득이 창출되는 다양한 투자 수단에 투자하는 방법이다. 주거용 및 상업용 임대 부동산, 주식과 채권, 연금, 보험 등 다양한 수단에서 소극적 소득이 발생할 수 있다. 각각의 소득원은 지속적인 추가 소득을 안겨줌으로써 그 돈을 투자에 사용해 또 다른 소득원을 만들 수도 있다. 추가 소득 역시 단 하나의 소득원에만 기대지 않는 것이다. 만약 투자는 위험하다는 생각에 안전한 다른 방법을 찾고 있다면 '위험'의 두 가지 종류에 대해 알아두자. 예측할 수 없는 위험과 계산된 위험은 다르다. 전자는 도박에서 감수하는 위험이고 후자는 부자들이 감수하는 위험이다. 사전에 철저하게 모든 변수를 조사하였다면 최악의 사태에 대한 준비도 미리 할 수 있다. 한 연구에 따르면, 부자의 27%가 적어도 한 번은 인생이나 사업에서 실패했다고 인정했으며 가난한 자 중 2%만 실패를 경험했다고 답했다. 역설적이게도 안전한 투자는 '계산된 위험'을 감수하며 다양한 투자 수단에 투자하는 것이다.

성공 투자
- 다양한 금융 상품 경험하기

도서관에서 경제 코너를 기웃거리다가 《모든 주식을 소유하라》라는 책을 봤다. 모든 주식을 소유하라고? 저자 존 보글은 '건초 더미에서 바늘을 찾으려고 애쓰지 말고 건초 더미를 다 사라'고 말하며, 가장 효과적인 투자 전략은 수수료를 포함한 각종 비용을 최소한으로 하고 상장된 주식을 모두 소유하는 것이라고 주장한다. 저자의 의도는 좋지만, 만약 내가 모든 주식에 투자했다면 온종일 주식창을 들여다보면서 기업과 산업 전반을 공부하는 데 많은 시간을 쓸 것이 불 보듯 뻔하다. 내 돈을 지켜야 하니까! 생각만 해도 머리가 아픈 일이다. 짧은 기간이

지만 주식 투자를 통해 고점과 저점을 모두 경험하면서 나는 내가 투자한 기업을 제대로 이해하지 못하고 있다는 사실을 깨달았다. 그 후로 주식 투자는 잠시 멈추고 기업의 재무제표, 증권사 리포트 등 충분한 분석 기술을 습득하는 데 집중하고 있다.

2022년에 수익형 부동산을 매수한 후 급격하게 출렁이는 시장 상황을 직접적으로 경험했다. 은행 금리는 치솟고 집값은 하락장에 들어선 것이다. 투자 지역의 매매가를 검색하고 계속 새로 업데이트되는 부동산 정책을 체크하면서 일희일비했다. 다행인 것은 부동산은 주식처럼 빠르게 매도할 수 없다는 점이었다. 원래는 그 부동산을 팔아서 대출금을 정리하려고 했지만 잘 팔리지 않자 전략을 바꾸기로 했다. 대출금은 주식과 예금을 모아 최대한 빠르게 정리하고, 부동산은 내가 원하는 가격이 될 때까지 충분히 기다리기로 한 것이다. 부동산이라는 자산의 성장 속도를 이해하고 거기에 발맞춰 걷기로 하자 마음이 편해졌다. 단순 현금 보유나 예금이 아니라 시장에 돈이 들어가 있기 때문에 자산에 대해서도 꾸준히 공부하게 되었다.

그동안 주식과 부동산에 투자를 하면서 스스로의 선

택에 책임지는 연습을 했다. 상황이 좋을 때나 나쁠 때나 과거 나의 선택에 대한 결과를 겸허하게 받아들이면서 말이다. 실수와 실패를 통해 배우면서 나의 투자 스타일을 파악할 수 있었고 다양한 자산군 중에 나와 좀 더 잘 맞는 자산을 선택할 수 있었다. 이런 나의 배움은 그저 시장에 '참여함'으로써 시작되었다. 경제적 자유를 위해 투자는 필수다. 그렇기 때문에 시장에 최대한 빨리 들어가 지속적으로 참여해야 한다. 다만 투자도 인생도 리허설 없는 실전이기 때문에 나만의 원칙을 가지고 들어가는 게 좋다. 혹은 몇 번의 작은 실수를 통해 나만의 원칙을 견고하게 만들 수 있어야 한다. 예를 들어 '한 번 투자에 총 자산의 1% 잃지 않기' 원칙을 세워보자. 내 자산이 1억원이고 삼성전자 주식에 1,000만원을 투자하기로 결정한 경우, 만약 주가가 10% 떨어져서 내가 투자한 1,000만원이 900만원이 된다면 손절매를 하는 것이다. 비록 손실이 났지만 총 자산의 1%만 손실을 보고 나머지 99%는 지켜낼 수 있다. 손실은 짧게, 수익은 길게 가져갈 수 있는 이런 투자를 반복하면 결국엔 자산이 불어나게 된다.

부동산이나 주식 외에도 암호화폐, P2P, 퀀트 투자,

비상장 주식 등 금융 상품의 종류는 다양하다. 현실적으로 많은 시장을 분석하기는 어렵기 때문에 잘 아는 시장 하나에 제대로 참여하는 것도 도움이 된다. 투자 초보자라면 '주식 소수점 거래'를 통해 소액으로 시장에 참여해보는 방법을 추천한다. 예를 들어 2023년 5월 4일을 기준으로 삼성SDI 1주를 사려면 68만 4천원이 필요하지만 6만 8천원을 내고 0.1주만 구매할 수도 있다. 목돈 없이도 1주 이하로 주식 시장에 참여할 수 있는 방법이다. 중요한 것은 멈추지 않고 '계속하는 것'이다. 첫 주식 투자에서 몇백만원을 날렸다고 해서 완전히 투자를 그만둬버리는 것은 안타까운 일이다. 투자를 시작할 타이밍을 오래 기다릴수록 경제적 자유도 오래 기다려야 한다. 아무것도 하지 않는 것이 가장 큰 리스크라는 것을 기억하자. 예적금뿐만 아니라 주식 소수점 거래, ETF 등 간단히 시장에 참여할 수 있는 나만의 방법을 모색해보자.

내 생활을
자산화하기

아직 가진 자산이 없는가? 걱정할 필요 없다. 조금만 시선을 바꾸면 지금 내 생활 환경 속에서도 자산을 만들어낼 수 있다. 조금 엉뚱하지만 요긴한 방법 두 가지를 소개한다.

1. 소비자에서 판매자로

한 쇼핑몰에서 마음에 드는 핸드메이드 팔찌를 발견했다. 알파벳이 쓰인 세라믹 구슬을 조합해 원하는 문구로 팔찌를 만들 수 있는 제품이었다. 해외 브랜드 제품이었던 이 팔찌의 가격은 7만 원이고 배송비가 3만 원이었다. 팔찌 하나에 너무 큰 금액을 지출하는 것 같아 우선 바로 사지 않고 기다렸다. SNS에 팔찌 이미지를 올렸더니 몇몇 사람들이 관심을 보였다. 며칠 후 다시 쇼핑몰을 찾아보니 같은 제품을 30% 세일하는 이벤트를 하고 있었다. 팔찌에 관심이 있던 사람들에게 리셀 하기 위해서 총 10개의 제품을 주문했다. 주문 금액은 배송비 포함 52만 원이었다. 10개의 제품 중 하나는 내가 갖고, 나머지 9개는 사진을 찍어 SNS에 개당 7만 원, 배송비 3천 원으로 판매 게시물을 올렸다. 팔찌는 이틀 만에 모두 판매되었고 나는 배송비 포함 총 65만 7천 원을 벌었다. 나는 마음에 드는 팔찌를 구매한 동시에 10만 원 이상의 이익금을 얻을 수 있었다. 만약 팔찌를 보는 순간 구입했다면 나는 10만 원을 쓴 사람이 되었을 것이다. 약간의 생각 전환과 실행력을 통해 소비를 이익으로 바꿀 수 있었다.

2. 부채에서 자산으로

재작년부터 엄마가 타던 자동차를 물려받아서 타고 있다. 그런데 자동차가 생기고 나니 유류비, 세차비, 수리비 등 유지 관리비가 많이 들었다. 생각보다 자차가 필요한 경우가 많지 않아 주차장에 차를 세워놓고 한 달에 한 두 번 정도만 타고 있는데, 어느 날은 늘 같은 자리에 세워져 있는 자동차가 아까워서 이것저것 찾아보다 '타운카' 서비스를 알게 되었다. 타운카는 저렴한 가격에 이웃의 차량을 빌려 탈 수 있는 카셰어링 플랫폼이다. 내 차만 있다면 차주로 등록할 수 있고 직접 차를 운행하지 않는 시간에 이웃들이 차를 빌려 타고 수익을 만들어낸다. 현재 경기도 하남시, 남양주, 구리시에서만 이용할 수 있어 직접 사용해 보지는 못했지만 서울에 서비스가 될 날을 기다리고 있다. 카셰어링 외에도 카풀과 운송, 배달 등을 통해 수익을 만들어낼 수도 있다. 자동차는 유지 관리비 때문에 부채에 포함되지만 여러 방법을 통해 돈을 만들어내는 자산이 될 수도 있다.

자산을 만들어내기 위해 노력하면서 동시에 이미 갖고 있는 자산들을 자본화시키는 것도 중요하다. 약간의 시간과 열정, 그리고 발 빠른 실행력만 있다면 지금 내 생활 속에서도 자산을 만들어낼 수 있다. 비용을 이익으로 전환하거나, 갖고 있는 자산을 자본화시키는 방법을 찾아보자.

단순한 생각 전환과 창의적인 발상만 있다면 우리 생활 속에서도 돈을 벌 수 있는 자산이 많다는 것을 알 수 있다. 이제 다시 물어보겠다. 정말로 자산이 하나도 없는가? 정말로?

연간 목표, 10년 목표, 인생 목표 세우기

단순히 재무 목표만 세우는 것이 아니라 인생 전반을 설계하는 연간, 10년, 인생 목표를 세워보는 것이 중요하다. 돈을 잘 모으거나 잘 쓰는 방법론은 많은 책과 영상에서 충분히 배울 수 있지만 '나의' 경제적 자유에 대해 고민하는 '방법'은 부족하기 때문이다. 먼 목표부터 세워보는 것이 좋다. 인생 목표부터 10년, 그리고 연간 목표를 거꾸로 짚어 내려오는 방법이다. 가까운 미래부터 목표를 세우게 되면 당장 풀어야 하는 문제들이 눈앞을 가려 더 큰 의미WHY를 잊게 한다.

'인생 목표'라는 말 앞에서 움츠러들 필요도 없지만

거창해질 필요도 없다. "자신이 누구보다 더 뛰어날 필요는 없어요. 모든 사람이 명성이 있는 사람이 될 필요도 없고 제일 중요한 건 내 주위 사람들을 행복하게 해주는 것이죠." 프랑스로 입양된 한국인 셰프 피에르 상^{Pierre Sang}의 인터뷰가 기억에 오래 남았다. 슈퍼스타가 되어서 행복할 수 있는 사람은 고향에 남아도 행복할 것이라는 어느 책의 구절도 깊은 통찰을 주었다. '인생 목표'라는 빈칸을 채워야 한다는 압박감을 잠시 내려놓고 진정으로 행복감을 느낄 수 있는 삶에 대해 숙고해보자. 행복할 줄 아는 것은 기술이다. 극단적으로 말해 행복할 줄 모르는 사람은 경제적 자유를 이루어도 행복하지 않을 확률이 높으며, 행복할 줄 아는 사람이 행복하다는 결말은 꽤 논리적이다.

나의 인생 목표 두 가지를 소개하자면 첫 번째는 가족, 친구들과 충분히 시간을 보내는 삶이다. 최근에는 나에게 없어도 괜찮은 것에 대해서 생각해보게 되었다. 크리스마스트리, 새 패딩, 흥분되는 여행 계획. 그 대신에 산책길, 차 한 잔, 격려의 대화는 꼭 지키고 싶다. 물건을 가지는 것에 대한 행복감이 가족, 친구와 함께 나누는 대화나 추억보다 적다는 것을 발견하게 된 것이다. 추운 겨울이 오면 나무들이 낙엽을 떨어뜨리고 가장 중요한 것만 남기 듯이 나를 서 있게 하는 뿌리가 무엇인지 알고 가지와 잎을 구분할 필요가 있다.

두 번째 인생 목표는 웰니스 분야 청년 창업가를 위한 장학 재단을 설립하는 것이다. 투자 캐피털이 아니라 장학 시스템인 이유는 창업가 스스로의 삶부터 온전히 지킬 수 있는 여건을 마련해주는 것이 주목표이기 때문이다. 성공한 창업가들도 있지만 알려지지 않은 대부분의 창업가는 빈곤과 어려움 속에서 오랜 기간을 버티는 중이다. 자본의 힘으로 창업 아이템의 성장 속도에 촉진제를 주입하는 것이 아니라 ―이때 창업가의 삶이 망가지는 경우가 비일비재하다― 뜻하는 일을 건강하게 지속할 수 있도록 삶의 어려움을 제거해주는 것이 내 두 번째 목표이다.

10년 목표를 정하는 일은 그다음이다. 나의 경우 첫 번째와 두 번째 인생 목표를 이루기 위해 안정적인 경제적 바탕이 우선되어야 한다는 것이 자연스럽게 10년 목표가 된다. 이때부터는 구체적인 금액을 적어도 좋다. 가족, 친구들과 '충분한 시간'을 보내기 위해서는 돈 때문에 '얽매이는 시간'을 줄여야 하므로 근로 소득 대신 자산 소득을 더 높은 목표로 설정한다. 예를 들어 월급이 없어도 여유로운 생활이 가능한 소득 구성을 만드는 것이다. 자산 소득 ―'버는' 돈이 아니라 '들어오는' 돈― 을 어떻게 만들 것인지 구체적으로 설정하는 것도 중요하다. 장학 재단의 경우, 사업 매출이 연 10억원이 되는 시점부터는 매년 사업 매출의 20%를 장학 비용으로 사용하기로 한다. 사업 연 매출 10억원에 대한 구체적 계획도 뒷받침되면 좋다.

연간 목표는 현재 나의 근로 소득과 자산 소득을 써보면서 현실적으로 잡아본다. 자산 소유 여부와 상관없이 올해는 '자산'에 대해 어떤 입장과 전략을 취할 것인지도 여기에 포함된다. 소속된 곳에서의 업무나 매출 목표에 대해서도 프로젝트명과 금액까지 최대한 구체적으로 써본다. 연간 목표를 쓸 때는 10년 목표와 인생 목표가 일직선상에 나란히 놓였는지 자주 확인해본다. 근시안적인 문제에 너무 몰두해 있는 것은 아닌지 점검해보는 것이다. 연간 목표를 적고 난 후 그 이유WHY가 분명히 보이면 가장 좋다.

목표 쓰기 난이도는 인생 목표, 10년 목표, 연간 목표 순으로 어렵다. 몇 시간씩 머리를 싸매고 책상에 앉아

있어야 할지도 모른다. 하지만 이 과정은 충분한 가치가 있다. '나'를 관찰하는 작업이기 때문이다. 인생 목표는 열 개씩 써보기를 권하는데, 1번부터 5번까지는 표면적이거나 나의 욕구가 빠졌을지도 모른다. 10번에 가까워질수록 점점 더 내가 중요하게 생각하는 것에 가까워진다. 남들이 좋다고 하는 게 나에게도 정말 좋은지 고민하는 것은 성가실지 모르나 그런 생각을 한번 하기 시작하면 알에서 깨어난 새처럼 비로소 자유로워질 것이다. '내'가 빠진 목표는 공허하다. 경제적 자유라는 단어에 갇히지 않고 '내가 진정으로 행복한 삶'을 설계하는 것이 필요하다.

경제적 자유를 이룬
청사진 그리기

"상상력에 권력을!" 프랑스 68혁명 때 민중들이 내세웠던 구호가 인상 깊다. 상상력은 단순히 낭만적인 단어로서 존재하지 않는다. 단절된 것을 연결하고 불가능해 보이는 것을 가능하게 만든다. 상상의 힘을 믿게 된 순간이 누구나 한 번쯤은 있을 것이다. 어른이 되면서 상상을 할 기회가 점점 줄어드는 게 아쉽다. 이미 많은 것이 정해진 것처럼 살아가고, 지금의 삶을 다시 생각해 볼 기회는 가급적 회피한다. 자기도 모르게 자동으로 떠오르는 생각을 전환해보자. 다른 길은 없는지, 내가 아닌 다른 사람이었다면 어떻게 했을지 스스로에게 질문해보자. 이러한 질문은 우리를 새로운 세계로 데려다준다.

경제적 자유라는 다소 추상적으로 느껴지는 개념을 제 옷을 입은 것처럼 느끼게 해줄 도구가 바로 상상력이다. 경제적 자유를 이룬 나의 모습을 구체적으로 상상해보는 것이다. 그곳은 어디인지, 누구와 함께 있는지, 어떤 표정을 짓고 있는지, 마치 사진을 찍은 것처럼 하나의 장면을 떠올려본다. 추상화에서 수채화로, 수채화에서 사실화로, 사실화에서 사진으로 점점 상상의 장면을 명료하게 만드는 작업이다. 중요한 것은 상상 중에 나를 비난하거나 막아서는 심판자의 목소리를 알아차리는 것이다. '그게 되겠어? 네가 그걸 한다고? 헛소리하고 있네.' 이 목소리는 대개 상상보다 힘이 세고 우리가 자주 굴복해왔던 존재다. 맞서 싸울 필요도 그렇다고 회피할 필요도 없다. '그래, 네가 거기에 있다는 걸 알고 있어.'라고 부드럽게 말을 건네보자. 인정해주면 상황이 부드러워진다.

상상의 힘에 몸을 기대기 전까지는 내 인생의 많은 부분이 끝났다고 생각했다. 20대 내내 바쳤던 시간의 결과가 실패라고 결론지을 때가 왔다고 느꼈다. 아무도 나에게 할 수 없다고 말하지 않았지만 스스로 백기를 들고 있었다. 방문을 닫고 커튼을 쳤다. 의자에 편안하게 몸을 기대고 눈을 감았다. 부드러운 마음, 사나운 마음, 어떤 마음이 올라와도 모두 허용하겠다고 다짐했다.

나는 대형 서점의 강연회에 와 있었다. 많은 사람이 나를 보기 위해 줄을 서 있었다. 나는 이따금 책을 집필하며 살았는데 이번 책이 베스트셀러에 올라 기념하는 자리가 마련된 것이다. 겪어냄으로써 증명된 나의 이야기가 다른 사람에게 용기가 될 수 있음을 보여주는 장면이었다. 서점까지는 천장이 낮은 포르쉐를 타고 갔다. 오늘 강연회에 참여해주신 모든 분께 드릴 쿠키 세트를 동네 단골 상점에서 주문했고, 강연회 수익은 전부 성소수자부모모임과 생명다양성재단에 기부하기로 했다.

30분 정도 흘렀을 때 천천히 눈을 뜨고 바로 그 장면을 그림으로 그려두었다. 지금이 끝이 아니라 '과정'이라고 믿을 수 있게 되었다. 현실적으로 압박해오는 문제 상황들이 있지만 삶은 계속된다는 것을 알게 되었다. 문제 없는 삶이 아니라 문제가 있기에 삶이 비로소 완성된다는 것을 깨달았다. 문제를 겪어내는 내 삶이 하나의 이야기가 된다는 것이 설렘을 주기도 했다. 돈만 많은 부자는 내가

원하는 경제적 자유가 아님을 확실히 알았다. 포르쉐는 타도 되고 타지 않아도 됐지만, 가장 중요한 것은 사람들과 주고받는 도타운 관계였다. 가능하면 더 많은 사람과 연결되고, 그들과 선한 영향력을 주고받는 삶이 경제적 자유를 이룬 나의 모습이었다. 나는 백기를 내리고 계속 걸어가기로 했다.

어려운 상황일수록 삶의 속임수에 넘어가기 쉽다. 마치 이곳이 종착역인 것 같은 느낌에서 벗어나기 힘들다. 하지만 언제나 그렇듯 다음 역이 있다. 다음 역이 있다고 상상할 수 있는 힘이 나를 일으켜 세울 것이다. '그게 되겠어?'라는 말에 속지 말고 '다른 길은 없을까?'라는 가능성을 열어주는 말에 힘을 싣자. 상상할 수 있다면 길은 계속된다.

청사진을 마지막 장면으로 한 인생 장면들 연출하기

　　　　　영화의 주인공들은 언제나 역경을 맞는다. 역경을 이겨내는 장면들은 영화의 엔딩을 더욱 극적으로 만들어주기도 하고 주인공만의 고유한 스토리를 완성시키기도 한다. 어려운 일이나 스트레스 상황은 영화에만 일어나는 것은 아니다. 현실 속에서 우리는 여러 가지 힘든 일을 마주한다. 받아들이기 어려운 진리는 바로 고통의 편재성이다. 고통은 어디에나 있다. 이런 상황을 어떻게 피해갈까 고민하는 것보다 어떻게 끌어안을까 고민하는 게 더 나을지도 모른다. 중요한 것은 역경 그 자체가 아니라 역경을 대하는 태도다.

경제적 자유를 이룬 나의 청사진을 상상해봤다. 이 청사진을 마지막 장면으로 한 영화가 있다면 나는 어떤 스토리를 겪어낸 주인공일까. 다들 안될 거라고 혀를 내두르던 날에도 끝까지 나 자신을 믿어주었던 날이나 좀처럼 일이 풀리지 않아서 정말 그만둬야 할까 하고 잠 못 이루던 날이 떠오를지도 모른다. 인생의 몇몇 주요 장면들을 구체적으로 상상해보면서 그것이 결과가 아니라 과정임을 스스로에게 일깨워주는 작업을 진행해보자. 이미 일어난 역경도 좋고 청사진으로 다가가는 중에 일어날 역경을 미리 상상해보는 것도 괜찮다.

10대에는 '돈은 나쁜 것'이라고 생각했다. '돈 때문에'라는 말을 많이 들었다. 가족이 뿔뿔이 흩어진 것도 여러 번 전학을 다닌 것도 모두 '돈 때문'이라고 했다. 그때는 돈이 없어서 힘들었다기보다 엄마 아빠가 헤어진 것, 오빠와 멀리 떨어져 사는 것 같은 관계적 결핍이 나를 아프게 했다. 학원 대신 시립 도서관에서 시집이나 소설을 읽으며 학창 시절을 보냈고 좋은 대학, 좋은 직장에 가야 이 아픔을 봉합할 수 있을 것 같다는 막연한 생각을 하며 지냈다.

20대에는 '안정'이라는 게 도대체 무엇인지 궁금해하며 굶주린 사람처럼 헤맸다. 월급을 많이 주는 회사가 안정적인지, 좋은 관계가 있는 곳이 안정적인지, 원하는 일을 하는 삶이 안정적인지, 안정감을 느끼기 위해서는 얼마큼의 돈이 있어야 하는지 등과 같은 머리 아픈 질문 속에서 살았다. 어렵게 들어간 회사에서 1년 만에 퇴사를 하고 스스로 고생을 자처하기 시작했다. 회사에서는 내가 원하는 안정을 찾기 어렵다는 결론을 내렸지만 바깥 사정은 더 혹독했다. 여기가 아닌 저기에 무엇이 있을 거라는 환상은 매번 나를 좌절시켰고 20대는 다시는 돌아가고 싶지 않을 만큼 가난했다.

30대가 시작되었지만 놀라울 만큼 상황이 반전되지 않았다. 여전히 안정과는 먼 삶을 살았고 계속해서 불안했다. 그래도 세월이 알려준 지혜가 하나 있었다면 안정감은 외부에서 찾을 수 있는 것이 아니라는 깨달음이었다. 외부 상황을 고치고 문제를 해결하면 안정감이 찾아올 것이라 생각했지만 외부적으로 전혀 문제없어 보이는 삶을 사는 친구들도 언제나 불안해했다. 20대 때부터 수련해온 마음챙김 명상은 나의 내면에서 안정을 찾을 수 있도록 도와주었다. 힘이 들 때마다 찾아가는 곳은 서점이었다. 책은 작가를 직접 만나지 않고도 마치 만나서 깊은 얘기를 들은 것 같은 느낌을 주었고, '이 길이 아닌 걸까?' 의심이 들 때마다 '여기가 맞다'고 진심으로 힘을 실어주었다. 캐시플로우 게임은 언제까지나 모른 척 할 수 없었던 '돈'이라는 상자를 열 수 있게 용기를 준 은인이었다. 오랜 시간 돈은 나에게 상처였지만 게임이라는 도구 덕분에 건강하고 유쾌한 방식으로 상처를 치유할 수 있었다. 또 좌절의 길목마다 등을 두드려주며 응원해주는 가족들, 친구들, 스승, 고마운 사람들이 있었기에 점점 불안과 함께 지낼 수 있는 상태로 성장해갔다. 그토록 찾던 안정감을 이렇게 내면에서 발견하고 키우게 되자, 어지러운 외부 상황도 있는 그대로 바라볼 수 있게 되었다. 경제적인 어려움 앞에서도 과도하게 걱정하지 않게 되었고 어떻게 하면 문제를 적절하게 해결할 수 있을지 가장 현명한 선택을 고심하게 되었다.

안정감 속에 머무르는 감각을 키우자 어려운 문제가 발생해도 크게 동요하지 않게 되었다. 문제가 완전히 해결된 삶 자체가 환상이며 갚아야 할 빚, 마무리되지 않은 일,

여전히 시간이 필요한 일 같은 장애물들이 결국 내 삶이라는 것을 알게 되었다. 문제를 모른 체한다는 의미가 아니다. 문제를 있는 그대로 인지하고 적절하게 대응하는 삶에 가까워진 것이다. 다시 나의 청사진을 떠올려본다. 경제적 자유를 이룬다고 해서 모든 문제가 해결된다는 의미는 아니다. 물론 그곳에 안정감이 있을 거라고 생각하지도 않는다. 경제적 자유는 내 삶의 종착지가 아니라 과정이며 그 여정 속에서 발견한 내면의 공간이 더 귀하기 때문이다.

지금 당장 해야 할
경제적 활동

꿈에 대한 'WHY'가 분명해지면 적극적인 행동이 일어난다. 미국의 나사^{NASA}에서 화장실 청소를 하던 한 직원은 "당신은 이곳에서 무슨 일을 합니까?"라는 질문에 "사람을 달에 보내는 일을 하고 있습니다."라고 대답했다고 한다. 그 직원에게 화장실 청소란 인간을 달에 보내는 꿈을 위한 임무 중 하나였던 것이다. '왜' 하는지 모르는 계획과 행동은 오래가지 못한다. 통장을 나누고 가계부를 쓰는 일이 지속 가능하려면 이런 노력이 어디와 어떻게 연결되어 있는지 기민하게 감각할 수 있어야 한다.

최근 몇 년 동안 시도할 때마다 실패했었던 나의 지출 관리는 꿈과 목표를 한 줄로 정리한 후 성공적으로 이어지고 있다. '숲을 사서 집을 짓고 나의 속도대로 사는 것.' 이 꿈을 이루기 위해서는 숲을 사고 집을 짓기 위한 자산 마련이 우선이라는 사실에 나의 내면에서 완전히 합의가 되었기 때문이다. 오늘 별것 아닌 것처럼 보이는 한 푼의 절약이 내일의 어떠한 꿈과 연결되어 있는지 상상해 보는 일은 즐겁기까지 하다. 귀찮게만 느껴지던 생활비, 비상금, 예비비로 통장을 쪼개는 일도 나만의 'WHY'가 분명해지자 'WHY NOT'이 되었다.

자산이나 부채 등 경제 활동에 대한 나의 입장을 공고히 하기 위해 공부도 시작했다. 따분하게만 느껴졌던 뉴스 속 숫자들이 이야기꾼이 되어 숨겨진 스토리를 들려주었다. 굳이 종이 경제 신문을 구독하기 시작했는데 다양한 기사 배열, 배치, 폰트 크기 등을 통해 일렬로 정렬된 인터넷 기사보다 아젠다 세팅에 대한 정보를 더 자세히 얻을 수 있어서 좋았다. 이전에는 '그 이슈가 나랑 무슨 상관인데?'라는 시선으로 봤다면 지금은 미래에 경제적으로 꿈을 이룬 나를 대입해서 보곤 한다. 자주 바뀌는 세금이나 정책 이슈는 당장은 관련이 없는 것처럼 보여도 미래의 나는 몰라서는 안 되는 정보이기 때문이다.

꼭 구체적인 경제 활동이 아니라도 지금 삶의 구석구석을 살피며 나의 꿈이나 목표와 얼마나 정렬이 일치하는지 체크해보는 것은 큰 의미가 있다. '빠르고, 크고, 짧은' 것보다 '느리고, 만족하며, 지속 가능한' 삶의 방식을 목표로 하는 나는 자산에 대해서도 그런 태도를 유지하고 있다. 느리지만 나의 사업을 계속해나가고 있는 이유도 바로 그것이다. 직접 운영하는 사업체야말로 나의 속도와 방향을 존중하며 이어갈 수 있는 소중한 자산 아닐까. 책을 쓰는 도전을 하고 있는 것도 지속 가능한 자산을 마련할 수 있는 좋은 방법이라고 생각한다. 경제적 목표를 포함해 삶의 방향이 명확해지자 무엇을 버리고 무엇을 챙겨갈지가 더 확실해지고 우물쭈물하는 시간도 줄어들었다.

절약, 지출 관리, 통장 나누기, 경제 뉴스 읽기, 세금과 정책 공부하기, 사업체 운영하기, 책 쓰기 등 지금 할 수 있는 경제적 활동의 방법은 무척 다양하다.

1. 중고 마켓 활용하기

중고 마켓을 잘 활용하면 절약을 쉽게 실천할 수 있다. 필요한 게 생겼을 때 중고 마켓에 물건을 먼저 검색해 본다. 적당한 게 없을 때 물건이 나오기를 기다리면서 '이게 정말로 나에게 필요한 건가?' 생각해볼 기회를 얻는 것은 덤이다.

2. 원데이 지출 계획 세우기

'원데이 지출 계획'을 세우면 월별 및 연간 단위의 지출까지 쉽게 예상하고 관리할 수 있을 뿐만 아니라 과소비를 줄일 수 있다. 하루에 모닝커피 한 잔과 점심 혹은 저녁 식사를 사 먹는 루틴에 따르면 나의 원데이 지출 단위는 2만원이다. 한 달에 한 번 정도 저녁에 치킨을 시켜 먹고 싶은 날이면, 그날의 커피와 점심 식사는 모두 집에서 해결한다. 이렇게 하루 단위의 지출 계획이 습관이 되면 그 금액 이상 사용하게 될 때 '꼭 필요한지' 여러 번 검토하고 결정하게 된다. 감정적으로 소비하는 습관이 확실하게 줄어들고 오늘뿐만 아니라 내일을 생각하면서 건강하게 소비할 수 있다.

3. 통장 나누기

통장 나누기는 일 지출 통장, 월 지출 통장, 예비비 통장, 비상금 통장 그리고 꿈 통장으로 나누고 있다. 지출 통장은 일 단위, 월 단위로 나누어서 월 지출 통장에서 일 단위로 빼서 쓴다. 번거롭기는 하지만 그 과정 덕분에 매일 통장 금액을 확인할 수 있다. 실제로 지금 통장에 얼마가 있는지 1원 단위까지 정확히 말할 수 있는 정도다. 예비비는 비정기 지출 내역을 위한 통장이다. 미용, 병원, 경조사 등의 비용이 여기에 쓰인다. 비상금은 갑작스러운 사고 등 비상시 외에는 웬만해서는 건드리지 않는다. 꿈 통장은 여행, 숲 구매, 집 짓기 같은 장기 목표를 위한 저축 통장이다. 주식이나 부동산을 통해 자산 소득이 생길 때마다 꿈 통장에 차곡차곡 모으고 있다.

4. 경제 뉴스 보기

경제 뉴스를 읽으면 계속해서 변화하는 시장 상황에 대한 스스로의 관점을 만드는 데 도움이 된다. 코스피, 코스닥 지수 등 숫자에 압도되다보면 내용이 눈에 들어오지 않기 때문에 처음에는 숫자에 큰 의미를 부여하지 않아본다. 몇 달 꾸준히 보다보면 자연스럽게 '어? 지난달보다 조금 올랐네' 하고 스스로 지수에 대한 감을 인지하게 되는 순간이 온다. 복잡하게만 들리는 부동산 정책이나 특정 산업군의 뉴스를 볼 때는 거기에 당장 내 자산이 들어가 있다고 생각하면서 읽는다. 돈을 빼야 할지 넣어야 할지, 빼거나 넣는다면 언제 할 것인지 머릿속으로 시뮬레이션을 해보면서 읽으면 뉴스의 한 줄 한 줄이 모두 내 자산을 지키는 단서 조각이 되어준다. 경제 뉴스가 처음이라면 〈어피티〉와 〈토스피드〉를 추천한다. MZ세대를 위한 경제 생활 미디어 〈어피티〉는 월~금 아침 6시에 메일로 받아볼 수 있는 경제 뉴스 레터다. 어렵고 복잡하게 느껴지는 경제 뉴스와 상식을 쉽게 전달해 줄 뿐만 아니라 돈에 관한 의견을 나눌 수 있는 공론장을 마련해주기도 한다. 금융 플랫폼 토스에서 운영하는 〈토스피드〉는 기초 경제 콘텐츠가 많아 금융에 대해 잘 모르더라도 천천히 흥미를 가질 수 있게 도와준다.

5. 세금 공부하기

세금은 나와 관련된 것부터 공부를 시작해본다. 직

장인이라면 급여명세서의 '공제 내역'을 살펴보면서 4대 보험과 소득세 등 어떤 세금을 내고 있는지부터 공부해보자. '급여명세서'는 세금과 관련해 내 월급이 어떻게 계산되고 확인해볼 수 있는 중요한 문서다. 기타소득이나 사업소득을 받는 프리랜서나 부업을 하는 사람들의 경우, 종합소득세가 중요하다. 업무를 위해 필수적으로 들어간 경비인 '필요 경비'를 많이 인정받을수록 세금을 부과하는 기준이 되는 소득(과세 표준)이 줄어든다. 사업자의 경우에는 원천세, 부가세, 종합소득세(개인 사업자에게 해당), 법인 소득세(법인 사업자에게 해당)를 먼저 공부해보길 추천한다.

6. 일상 생활에서 캐시플로우 만들기

사업체는 결코 거창한 아이디어에서 시작되지 않는다. 아주 작은 아이디어로 사업 시스템을 만들 수 있다. 우리는 취미 생활에 생각보다 후하게 돈을 쓴다. 그렇다면 누군가는 돈을 벌고 있다는 뜻이다. 취미 생활을 하면서 동시에 돈을 벌 수는 없을까? 기억하자. 아이디어가 있는 사람은 많지만 실행하는 사람은 적다. 실행을 통해 나만의 캐시플로우를 만들 수 있다.

위의 여섯 가지 방법은 시작하는 사람들에게 대체로 공식처럼 잘 통하곤 하지만, 결국 자신의 목표가 명확해야 오래 지속할 수 있다. 또 개인의 의도에 따라 구체적인 방법이나 순서는 완전히 다를 수도 있다. 더 많은 실천 방법들이 성공과 실패를 떠나 그 시도 자체가 널리 공유되어서 다양한 사례가 쌓였으면 좋겠다.

포기하지
않기

'2080 법칙'이라고도 불리는 파레토 법칙은 전체 결과의 80%가 전체 원인의 20%에서 일어나는 현상을 말한다. 매출이나 마케팅 전략에서 자주 사용되긴 하지만 평범한 일상 속에도 충분히 적용할 수 있다. 지난 1년간 운영한 캐시플로우 게임 모임에 한 번만 참여한 사람은 열 명 중 여덟 명이지만, 그중 두 명은 두 번 이상 참여하거나 6개월 이상 매달 참여한 후 직접 모임을 열기도 했다. 경제와 금융에 꾸준히 관심을 가지며 삶의 방향을 찾아가고 있는 사람들이다. 여덟 명과 두 명을 구분하는 차이점은 지식 수준이 아니라 꾸준함이다. 살다가 어쩌다

한 번 있는 하루의 이벤트로 돈에 관심을 가지는 것이 아니라, 매일 조금씩 꾸준히 배움으로 엮어가면서 나만의 무기로 만들고 있는 것이다. 꾸준함은 힘이 세다.

꿈을 이루는 법칙은 간단하다. 첫째, 시작하고 둘째, 끝까지 하는 것이다. 시작과 끝 사이에 무수한 어려움이 있는 것은 사실이지만 이 법칙을 자주 떠올리는 것은 도움이 된다. 시작하기도 전에 시작할 수 없는 이유를 찾거나 스스로에 대한 근거 없는 의심 때문에 진심을 무너뜨리곤 한다. 그리고 시작과 끝 사이는 더욱 복잡하다. 이 일을 끝까지 할 수 없는 이유는 수천 가지니까. 돈을 만드는 과정은 물리적인 과정이라기보다 정신적인 과정이라는 말이 있다. 시작하고 포기하지 않는 것, 알고 있지만 왜 이렇게 어려울까?

시작하는 것은 어렵다. "스타트업이 뭐야?" 2017년에 처음 창업을 하겠다고 했을 때 가장 많이 들은 질문이었다. 지금처럼 사회 초년생이 스타트업이나 창업을 한다는 게 익숙하지 않은 때였다. 졸업 후 기업에 입사하는 게 평범하면서도 가장 안전한 선택처럼 보였기에 퇴사를 하고 자기 일을 하겠다는 결정은 지지받지 못했다. 회사를 나오자 의외로 불편함을 느꼈던 것은 누구나 알 법한 회사명과 이름의 조합으로 짧은 자기 소개를 할 수 없다는 것이었다. "무슨 일을 하세요?"라는 질문에 "그러니까…" 하고 5분 이상 장황한 설명을 하게 되는데 상대에게 완전히 이해받았다는 느낌을 받지는 못했다.

끝까지 하는 것은 더 어렵다. 지속 가능한 비즈니스 모델을 만들지 못했을 때, 함께 일하던 소중한 사람들과 생이별을 해야 할 때, 아무리 열심히 해도 열리지 않는 시장 앞에서 무력하게 서 있어야만 할 때, 남아 있는 돈이 다 떨어졌을 때, 몸이 아플 때, 주변에서 이제 그만하라고 할 때, 내일이 그려지지 않을 때, 끝나지 않는 불안함 속에 있을 때… 이 페이지를 다 써도 모자랄 만큼의 이유가 가로막아선다. 그만두는 것은 쉽다. 지난해 사업을 그만두려고 했을 때 조금 더 해보라는 말보다 그다음 여정을 응원해주는 사람이 더 많았던 것은 불편한 진실이다.

포기하고 싶은 생각이 턱 끝까지 차올라도 결국 다시 일어날 수 있었던 것은 시간, 목표 그리고 사람 때문이었다.

'꿈을 이루는 데에는 시간이 든다.' 이 사실을 인정하기까지 오랜 세월이 걸렸다. 단숨에 되는 일은 없다는 것을 인정해야 한다.

'나는 무엇을 할 때 행복하지?' 남의 욕구가 아니라 나의 욕구를 반영한 목표를 세우면 아무도 나에게 무엇을 할 수 있다거나 할 수 없다고 말할 수 없다는 것을 알게 된다. 그 결정은 오로지 나만 할 수 있으며 스스로를 믿어주는 힘은 그 무엇보다 강하다.

'그렇게 되려면 어떻게 해야 할까?' "그거 안 될 것 같은데"라고 말하는 사람보다 "그렇게 되려면 어떻게 해야 할까?" 하고 열린 사고를 불러오는 질문을 하는 사람들을 가까이에 두자. 내가 가고자 하는 길을 먼저 걸어가본 사람을 스승으로 삼으면 더욱 도움이 된다.

시간이 든다는 것을 인정하고, 나의 욕구를 반영한 목표를 설정하고, 내가 가고 싶은 길을 이미 가본 사람을 곁에 두고, 꾸준하게 내가 할 수 있는 것부터 해나가는 것. 이것이 바로 시작과 끝 사이에 숨겨진 비밀 공식이 아닐까. 앞이 보이지 않는 어둠을 끝이 있는 터널이라고 믿고, 열리지 않을 것 같은 벽을 문이라고 믿으며 다시 한 번 발을 내디뎌보는 것이다. 나의 선택이 옳았는지는 시간이 말해줄 것이다.

경제적 자유를 이루기 위한
다섯 가지 태도

　　　　　몇 년 전 친구와 함께 한라산 정상에 올랐
다. 맑은 날씨 덕에 백록담을 볼 수 있었고, 새벽부터 시
작한 네 시간 산행의 피로감이 잊혀질 만큼 감탄이 나오
는 풍경이었다. 백록담을 배경으로 활짝 웃으며 찍은 사
진은 언제라도 그때의 이야기를 생생하게 떠올리게 한다.
아침밥도 제대로 안 챙겨먹고 호기롭게 시작한 등산, 짐
을 등에 지고 친구와 하하 호호 웃고 떠들며 오르기 시작
했다. 고도가 높아질수록 점점 말수가 적어지고, 결국에는
친구가 지친 나를 대신해 짐까지 들어주는 상황에 이르렀
다. 진달래 대피소에서 앉을 자리도 없이 서서 후루룩 먹

은 컵라면, 미처 챙기지 못해 급하게 산 허접한 아이젠, 넘어지고 미끄러지면서 생긴 퍼런 멍들, 중간중간 쉬면서 만들었던 눈사람들까지. 백록담 정상에서 머물렀던 잠깐의 시간보다 왕복 여덟 시간 동안 산을 오르내리며 만들었던 추억이 '우리들만의 이야기'가 되었다. 지금도 여전히 그때를 떠올리면 미소가 지어진다.

경제적 자유라는 산을 오르는 일도 마찬가지 아닐까. 누구나 정상에 도달해 아름다운 풍경을 맞이하기를 원하지만 그것만이 유일한 목표라면 과정 속의 즐거움을 놓치게 된다. 한 걸음 한 걸음 나아가고 있는 지금의 삶을 존중하면서 어려운 시기를 지날 때는 서로의 짐을 들어주고 작은 것에도 감사하는 마음을 기르는 것은 경제적 자유를 이루는 과정을 꼼꼼히 돌보게 도와준다. 이런 과정이 바로 '나만의 이야기'다. 과정이 즐거운 경제적 자유를 이루기 위한 다섯 가지 태도를 마음에 새기며 오늘도 앞으로 나아가보자.

1. 지금의 삶도 내 삶이다

유튜브에 쏟아지는 경제 콘텐츠를 보고 있으면 나도

모르게 불안해진다. "당신만 모르는 OOO" "30대에 절대 놓치면 안 되는 OOO" 등 영상을 만든 편집자와 기획자의 의도가 어떻든 이런 자극적인 제목만 보면 지금 내 삶이 어딘가 잘못되었거나 부족하다는 느낌이 들게 한다. 경제에 처음 관심을 갖고 공부를 시작했을 때 나는 지금까지 삶을 잘못 살아왔구나 생각했다. '과거의 나'와 '현재의 나'를 미워하고 불안함에 벌벌 떨며 완전히 다른 내일을 준비하려고 했다. 그렇게 불안감 속에서 결정한 일들은 결국 합당한 대가를 치러야 했고, 과거와 현재를 부정하면서 사는 삶은 행복하지 않았다.

이런 불안감은 누구나 한 번쯤 느껴봤을 것이다. 내가 불안감을 극복할 수 있었던 계기는 다시 원래의 내 삶으로 돌아오기로 하면서부터였다. 경제적 자유라는 결과 달성을 위해 고군분투하는 대신 지금 걸어가는 과정을 정성스럽게 돌보기로 결심했다. 현재에 올인해서 내일이 없는 삶을 사는 것이 아니라, 미래를 위해 현재를 포기하지 않으면서 그 사이에서 균형을 잡으려고 노력했다. 경제적 자유를 이룬다는 것은 결국 나라는 사람을 잘 알게 되는 즐거운 과정이다. 외부가 아니라 내 안에 기준을 공고히 세우면 다른 사람과 쉽게 비교하거나 불안감에 압도당하지 않게 된다. 나는 여전히 경제적 자유를 이루지 못했지만 현재 진행형인 지금 내 삶을 사랑한다. 언젠가 그 꿈을 이룰 수 있을 거라 믿지만 또 그 꿈을 이루는 것만이 내 삶이 아니라는 것도 안다. 외부의 인정을 구하며 성공을 증명하기 위해 살아가는 것이 아니라 매일 맞이하는 작은 도전들 속에서 내가 나를 믿어주는 일이 더 중요해졌기 때문이다. 지금의 삶도 내 삶이다.

2. 관계의 정원 가꾸기

유명한 미국의 토크쇼 〈코난쇼〉의 MC이자 코미디언인 코난 오브라이언은 다트머스대 졸업식 축사에서 이런 말을 했다. "Work hard, be kind, and amazing things will happen(열심히 일하고, 친절하라. 그러면 엄청난 일이 일어날 것이다)." 졸업식 축사라면 으레 꿈을 크게 가져라, 실패를 두려워하지 마라와 같은 내용이 나오기 마련인데 코난은 다른 사람들에게 '친절하라'고 말한다. 사람들과 좋은 관계를 유지하는 것은 부자가 되는 것보다 중요하다. 1938년 하버드대 성인발달연구팀이 시작한 75

년의 추적 연구에 따르면 진정 사람들을 행복하고 건강하게 만드는 것은 바로 '관계'다. 가족이나 친구들과 좋은 관계를 맺고 지내는 사람은 그렇지 않은 사람에 비해 더 행복하고 오래 살았다고 한다. 반면 자신의 지위나 재정 상태와 관계없이 고립된 생활을 한 사람은 행복감을 덜 느끼고 건강이나 두뇌 기능이 일찍 감퇴해 단명했다.

많은 사람이 경제적 자유를 꿈꾸며 돈을 많이 벌거나 부자가 되는 방법에 대해 커다란 관심을 가진다. 경제적 자유를 이루면 삶의 고민이 해결되고 행복해질 수 있을 거라고 믿기 때문이다. 하지만 행복을 정하는 결정적 요인은 '부'가 아니다. 재산이 3조 8000억원으로 알려진 SK그룹의 최태원 회장은 "언제 가장 행복하세요?"라는 질문에 "비싼 소고기를 먹더라도 그 자체가 행복한 것이 아니라 누구와 먹었냐, 어떤 상태에서 먹느냐가 훨씬 중요하다."라고 대답한다.

돈이 적거나 많거나 상관없이 스트레스 상황은 언제나 발생하기 마련이다. 심지어 돈이 많을 때 더 많은 문제가 생긴다는 걸 매일 밤 뉴스에서 본다. 어려운 상황 속에서 나를 다시 일으켜 세우는 것은 가까운 사람들의 진심

어린 격려와 응원이었던 것을 기억한다. 문제를 함께 풀 사람들이 곁에 있다는 사실은 더 이상 문제가 두렵지 않게 만들어준다. 경제적 자유가 결코 진정한 행복을 담보하지 않는다는 사실은 자명하며 좋은 관계의 정원을 가꾸는 일이 우리를 사람답게 살아가게 한다는 것을 잊어버려서는 안 된다.

3. 감사하기

중고 마켓을 알고 난 이후, 버리기 아까워서 계속 가지고 있던 물건들을 정성스레 닦고 포장해서 필요한 사람에게 보내기 시작했다. 몇 달간 천천히 집에 쌓여 있던 물건을 정리하자 가볍고 말끔한 상태가 되었다. 가지고 있었을 때는 하나하나 내게 필요한 물건들이었는데 과감히 비워내자 진짜로 내가 남기고 싶었던 것이 무엇인지가 보였다.

얼마나 많은 물건을 갖고 살았는지에 대한 자각은 오히려 나에게 이런 질문을 던져주었다. 모든 것을 버려야 할 때 내게 결국 남는 것은 무엇일까? 생의 마지막 순간에 우리는 무엇을 가지고 떠날 수 있을까? 전 세계를 충격과 공포에 빠뜨렸던 9·11 테러 사건 희생자들의 마지막 문자 메시지는 사랑과 감사의 고백이었다고 한다. 모든 것을 버려야 하는 순간에도 끝까지 사라지지 않는 것은 돈이나 물건이 아니라 사랑했던 기억, 감사했던 순간, 함께 나누었던 추억이다.

감사하는 태도가 삶을 풍요롭게 만든다는 연구 결과는 굳이 설명을 덧붙이지 않아도 많은 사람이 이미 아는 사실이다. 감사하는 마음이 뇌에 미치는 긍정적인 영향도 마찬가지다. 고마움을 느끼는 좌뇌의 전전두피질을 훈련하면 수명이 최대 7년까지 늘어난다는 연구 결과도 있다. 감사하는 마음은 행복과 직접적인 연관이 있다. 감사하는 마음을 키우는 것은 기술이다. 그렇기에 나는 매일 오후 3시마다 알람을 맞춰두고 열 손가락 감사하기를 실천하고 있다. 손의 감각을 느끼면서 지금 이 순간 감사한 것을 열 가지 세는 것이다. 처음에는 어떻게 열 가지나 찾을 수 있을까 싶었지만 카테고리를 나누어 세다 보면 손가락이 모자랄 때도 있다. 먼저 집 안에 있는 것(내부 환경) 세 가지를 찾고, 집 밖에 있는 것(외부 환경) 세 가지를 찾고, 마지막으로 사람에 대한 것 네 가지를 찾는다. 이렇게 열 손가락을 다 접고 나면 다음이 아니라 지금 이 순간에 충분히 머물 수 있게 된다.

감사하는 마음은 결과가 아니라 과정을 돌보게 하고, 객관적인 성공이 아니라 주관적인 성공을 이룰 수 있게 돕는다. 경제적 자유를 이루는 일도 마찬가지다. 내가 노력하고 있는 과정 그 자체에 감사함을 느낄 수 있다면 경제적 자유를 이루었는지보다 더 중요한 게 무엇인지 알 수 있다.

4. 행복한 기다림

택배가 도착한 순간보다 택배를 주문하고 기다릴 때가 더 행복한 것처럼, 경제적 자유를 향해 걸어가고 있는 이 순간도 어쩌면 우리에게 가장 설레는 순간 중 하나 아닐까. 경제적 자유를 이루는 그날까지 불행한 기다림이 아니라 행복한 기다림이 되기 위해서는 어떻게 해야 할까? 바로 내적 동기, 충족 동기, 성장 동기를 관리하는 것에서 해답을 얻을 수 있다.

첫째, '내적 동기'에 집중하자. 일을 할 때 일 자체를 즐기기보다 승진이나 연봉 인상을 위해 일을 한다면 늘 쫓기는 상태로 마음이 불안할 것이다. 여기서 일을 하는 행위 자체는 '내적 동기', 승진이나 연봉 인상은 '외적 동기'로 볼 수 있다. 우리는 경제적 자유로 향하는 과정에서 내적 동기에 집중할 필요가 있다. 경제 신문을 읽으며 새로운 정보를 얻는 것, 통장을 나눠 관리하며 현금 흐름을 파악하는 것, 지출 계획대로 생활하며 자기 통제력을 기르는 것 등은 모두 그 과정에서 충분히 기쁨을 누릴 수 있다. 외적 동기까지 충족이 된다면 보너스를 받은 것이니 기쁘고, 그렇지 않더라도 크게 상심하지 않게 된다. 인간의 행복은 내적 동기의 충족에 더 영향을 받기 때문이다.

둘째, '충족 동기'에 집중하자. 점심을 먹고 후식으로 커피를 사서 집으로 가던 중에 한 아이스크림 가게가 보였다. 새로 출시된 아이스크림 맛이 너무 궁금했지만 예상에 없던 소비나 충동적인 소비를 하지 않기로 했기 때문에 침만 꼴깍 삼키고 다시 발걸음을 옮겼다. 나는 아이스크림을 못 먹어서 불행했을까? 아니다. 지출 계획에 따라 소비를 통제하고 경제적 자유에 한 걸음 더 다가갔기 때문이다. 아이스크림을 못 먹은 것에 좌절하지 않고 내 꿈에 집중하는 것이 바로 동기 충족의 상태이다. 어떤 동기를 추구하고 버릴 것인지는 스스로 선택할 수 있다.

셋째, '성장 동기'를 키우자. 인격적, 내면적 강점을 개발하고자 하는 동기를 성장 동기라고 할 수 있다. 경제적 자유로 향하는 길목에서도 내면의 성장에 초점을 맞춰 걸어본다. 공부를 하고 저축을 하고 투자를 하는 이유는 단순히 경제적 자유를 위해서만이 아니며 내면의 성장을 위해 하루하루 훈련하는 것이다. '투자 마인드'라는 말도 있지 않나. 누구나 돈과 관련해 예기치 않은 상황을 맞닥뜨리기도 하고 위협받기도 하며 때로는 저항을 이겨내야 하는 순간도 찾아온다. 그럴 때마다 휘어지지 않고 자신과 자산을 지키기 위해서는 내면의 힘이 필요하다.

5. 함께 살아가기

20년째 병원을 운영하고 있는 노부부는 더 크게 병원을 짓거나 내부 리모델링을 하는 대신 동네 어르신들이 편하게 병원을 드나들 수 있도록 병원이 하나의 커뮤니티 시설이 되도록 했다. 대전의 대표 빵집 성심당은 후원용 빵을 따로 만들어 60년 넘게 기부하고 있다. 고故 이복순 할머니는 평생 김밥을 팔아 모은 전 재산을 대학에 기부했다.

주위를 둘러보면 힘들게 축적해온 자산을 혼자만의 것으로 생각하지 않고 나누면서 사는 사람이 많다. 캐시플로우 게임에서도 부자 레이스를 보면 요트 여행, 호화로운 파티 등 개인의 만족감을 위한 칸도 있지만 어린이 도서관 만들기, 암 연구 센터 설립, 오염된 바다를 살리기 위한 자금 기부 등 더 나은 세상을 만들기 위해 돈을 사회에 환원하는 칸도 있다.

많은 사람들이 '부자니까 할 수 있는 거지. 나도 나중에…'라고 생각한다. 그렇지만 오늘도 SNS에는 멋스러운 명품을 걸치고 좋은 곳에서 비싼 음식을 먹는 사진이 수십 장 올라온다. 소비를 자랑하는 과정에서 의도치 않게 배제되거나 상처받는 사람들을 생각해 보자. 함께 살아가려는 태도는 현 재정 상태가 어떠하든 지금 당장 실천해 볼 수 있다. 나누면서 사는 삶이야말로 완전한 삶에 가깝다. 우리가 사는 세상에서 각자도생이라는 말은 틀린 것 같다. 함께 살아가려는 마음만이 우리를 구해줄 것이다.

work book

나만의
경제적 자유를 찾아 떠나는
4주 완성 워크북

1주차. 나만의 경제적 목적지 설정하기

2주차. 현재 내가 서 있는 경제적 출발점 파악하기

3주차. 목적지까지 도달하기 위한 계획과 전략 세우기

4주차. 과정이 즐거운 경제적 자유를 이루기 위한 마음가짐

◇ 일러두기

워크북은 총 30일로 구성되어 있습니다. 매일 하나씩 한 달간 나의 이야기를 정리하거나 책을 읽으면서 그때그때 관련된 내용을 찾아 기록해도 좋습니다. 책에서 제시한 대로 4주차 주제에 집중해서 하루에 한두 개씩 나만의 경제적 자유를 찾는 연습을 해보는 것도 추천합니다.

시작을 앞둔 사람에게 추천하는 책과 영상

―(금융문맹 탈출)―

《부자 아빠 가난한 아빠 20주년 특별 기념판》 로버트 기요사키 지음 | 안진환 옮김 | 민음인

〈뇌로 보는 인간 1부: 돈〉 EBS 다큐프라임

―(사고 변화)―

《부의 심리학》 바리 태슬러 지음 | 이영래 옮김 | 유토북스

《돈의 속성》 김승호 지음 | 스노우폭스북스

―(감정 컨트롤)―

《마음도 운동이 필요해》 왈이의 마음단련장, 김지언, 노영은 지음 | 휴머니스트

《나의 첫 번째 머니 다이어리》 진예지 지음 | 스마트북스

〈헤드스페이스: 명상이 필요할 때〉 넷플릭스 시리즈

―(추천 경제 다큐)―

〈익스플레인: 세계를 해설하다〉 넷플릭스 시리즈

〈익스플레인: 돈을 해설하다〉 넷플릭스 시리즈

〈나만 몰랐던 부자 되는 법〉 넷플릭스 시리즈

1일차

내게 15억원이 있다면
지금 하는 일을 계속하시겠습니까?

지금 나에게 순자산 15억원이 있다면 제일 먼저 무엇을 그만두고 싶은가요? 또 계속해서 이어가고 싶은 것은 무엇인가요? 가벼운 테스트를 통해 나의 성향을 알아보세요.

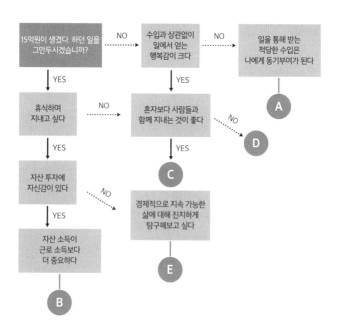

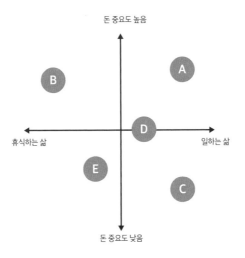

돈 중요도 높음

휴식하는 삶 — 일하는 삶

돈 중요도 낮음

Ⓐ 15억원이 생기더라도 지금 하는 일을 계속할 생각입니다. 일을 통해 버는 수입도 제게 중요한 동기부여가 되거든요. 제가 좋아하고, 잘하는 일만 하는 것이 아니라 사람들이 원하는 것을 만들면서 시장에서 살아가는 것이 저의 목표입니다.

Ⓑ 지금 월급의 몇 배가 되는 돈이 들어온다면 좋아하는 것만 하면서 자유롭게 살 계획입니다. 꾸준히 월세, 배당금 등의 자산 소득을 불리며 평생 여유롭게 살고 싶어요.

Ⓒ 얼마를 벌든 제가 하는 일은 사회에 꼭 필요한 일이기 때문에 계속할 계획입니다. 지금 하는 일이 재밌고 자부심도 있어요. 함께 일하는 동료들도 같은 마음일 거라 믿습니다.

Ⓓ 적당히 일하고 적당히 버는 삶이 좋아요. 일하는 게 힘들고 지칠 때도 있지만 가끔은 재밌기도 합니다.

Ⓔ 솔직히 15억원이 생긴다면 회사를 그만둘 생각입니다. 그렇지만 15억원으로 평생을 살 수 있을지는 모르겠어요. 지금부터라도 돈을 모으고 불릴 수 있는 방법을 배우고 싶어요.

내가 생각하는 경제적 자유란?
- 결핍과 욕구 들여다보기

이 세상에 나와 똑같은 사람이 하나도 없듯이 우리가 경제적 자유를 이룬 모습은 모두 다를 수밖에 없습니다. 유명한 기업인이나 투자자 등 소위 말하는 '부자'가 되기를 상상하라는 것이 아닙니다. 다른 누군가가 아닌 '나'의 경제적 자유를 적어보세요. 어린 시절부터 느꼈던 결핍과 필요한 욕구에 집중하다보면 내가 바라는 삶의 모습이 그려질 거예요. 아직은 구체적인 금액을 생각하지 않아도 됩니다.

○ 내가 가진 결핍

○ 내게 필요한 것(나의 욕구에 동그라미 해보세요.)

신체적

건강, 의식주, 휴식, 안전, 신체적 접촉, 돌봄, 운동

삶의 의미
전문성, 성취, 도전, 회복, 깨달음, 봉사, 자기효능감

자기구현
배움, 생산, 성장, 창조성, 치유, 숙달, 전문성, 목표, 혼자만의 시간, 혼자만의
공간, 개성, 자기존중, 주관

사회적/정서적
친밀한 관계, 소통, 배려, 존중, 공감, 수용, 지지, 협력, 도움, 관심, 우정, 감
사, 인정, 소속감, 위안, 신뢰, 확신, 정서적 안전, 자기보호, 공유, 안전, 연민

놀이
쾌락, 유머/재미, 즐거움, 여유

아름다움
아름다움, 평화, 조화, 질서

○ 내가 생각하는 경제적 자유

진짜 욕구 vs. 가짜 욕구

처음 경제 공부를 시작했을 때 무척 혼란스러웠습니다. 아무런 기준 없이 무조건 돈을 더 많이 벌고 싶다는 생각에 매몰되니 쉽게 지치고 잘못된 선택을 하기도 했습니다. 사실 '돈을 많이 벌고 싶다'는 욕구는 가짜 욕구입니다. 그 돈을 활용해 하고 싶은 일들이 진짜 욕구입니다. 진짜 욕구를 발견하기 위해 머릿속에 구름처럼 떠다니는 생각들을 떠오르는 대로 모두 써보세요. 양파 껍질을 까듯 하나씩 숨겨져 있던 진짜 욕구가 드러날 거예요. 껍질에 속지 마세요!

※ 1장 진짜 욕구와 가짜 욕구 구분하기(44쪽) 참고

돈이 많았으면 좋겠다

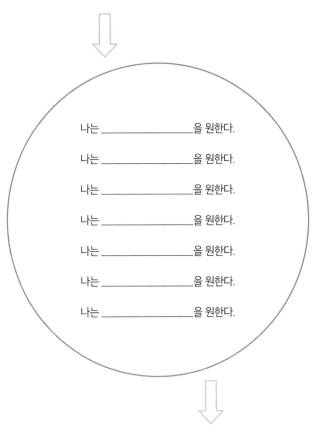

나는 _____을 원한다.

나는 _____을 원한다.

나는 _____을 원한다.

나는 _____을 원한다.

나는 _____을 원한다.

나는 _____을 원한다.

나는 _____을 원한다.

(진짜 욕구)

4일차

나는 어떤 삶을 원할까?
- 일, 관계, 생활 양식

일, 관계, 생활 양식은 '내가 원하는 삶'이라는 집을 떠받치는 중요한 세 개의 기둥과도 같습니다. 서둘러 기둥을 세울 필요는 없습니다. 어떤 모양의 기둥을 어디에 어떻게 세울 것인지 몇 가지 질문에 답하며 천천히 고민해보세요.

※ 1장 나는 어떤 삶을 원할까? – 일, 관계, 생활 양식(48, 53, 57쪽) 참고

'어떻게' 일하고 싶나요?	'오래 함께' 가는 관계는 어떤 관계인가요?	'어떤 아침'을 시작하고 싶으세요?
일	관계	생활 양식

나는 왜 경제적 자유를 이루고 싶을까?
- 나만의 WHY 찾기

'왜' 해야 하는지 알면 행동하게 됩니다. 반대로 '왜'가 명확하지 않으면 중도에 포기할 가능성이 높아지지요. '왜'를 찾는 일은 까다로워서 오랜 시간이 걸리기도 하는데, 어떨 때는 그 물음 속에 머무르는 것만으로도 도움이 됩니다. 경제적 자유를 이루겠다는 목표를 세울 때, 단순히 자산 목록을 만드는 것보다 우선되어야 할 일은 내 안의 기준을 만드는 일입니다. 그 기준을 쉽게 만들 수 있는 방법은 그동안 겪은 수많은 일 중 진정한 '성찰'의 기회를 주었던 경험을 떠올려보는 것입니다. '때로는 이기고, 때로는 배운다'는 말처럼 좋았던 경험뿐만 아니라 어려움을 겪었던 경험까지 포함해서 그 경험을 통해 배운 것과 중요했던 것을 가시화해봅니다.

※ 1장 나에게 중요한 것은 무엇일까?(62쪽) 참고

뒷장에 계속 →

성찰의 기회를 주었던 경험 TOP 5

1. _____

2. _____

3. _____

4. _____

5. _____

⬇

그 경험에서 배운 것 또는 중요했던 것

1. _____

2. _____

3. _____

4. _____

5. _____

나는 얼마가 있으면 행복할까?
- 돈이 필요한 장면

100억원이라는 숫자는 누구에게는 커다란 의미가 있겠지만 누구에게는 아무런 의미가 없을 수 있습니다. 그 숫자와 나 사이에 아무런 이야기가 없다면 말이죠. 인생 목표와 내가 생각하는 경제적 자유를 좀 더 깊이 고민해본 후, 이번에는 구체적인 금액을 적어보세요. 나의 행복을 위해 돈이 필요한 세 가지 장면을 적고 현 시세를 조사해 구체적인 금액까지 산출해봅니다.

※ 3장 나는 얼마가 있으면 행복할까? - 돈으로 할 수 있는 것(141쪽) 참고

뒷장에 계속→

나는 얼마가 있으면 행복할까? - 계산서

- 꿈 1   400평 숲에 집 짓기
- 꿈 2   웰니스 창업가 재단 만들기
- 꿈 3   가족과 함께 1년에 두 번 여행 가기

품목	수량	단가(시세)	비고
파주 400평 숲	1	400,000,000	
목조주택 40평	1	320,000,000	
목조주택 20평	1	160,000,000	
창업가 재단 설립 비용	1	500,000,000	
1년에 2회 가족 여행	40	480,000,000	

합계 금액

1,860,000,000원

위 금액을 영수함.

7일차

경제적 자유를 이룬 내 모습 상상해보기
- 청사진 그리기

잠시 눈을 감고 상상해봅니다. 나는 어디에 있는지, 어떤 표정을 하고 있는지, 누구와 함께 있는지 사진을 찍듯 구체적인 장면을 떠올려봅니다.

※ 4장 경제적 자유를 이룬 청사진 그리기(182쪽) 참고

8일차) 나의 인생 목표 적어보기

　　'인생 목표'라는 거창한 말 앞에서 움츠러들 필요 없어요. 남들이 다 좋다고 하는 게 나에게는 좋지 않을 수도 있어요. '나'를 주어로 이야기를 풀어보세요. 무엇을 할 때 기쁘고, 행복하고, 평온한지 생각해본 후 그걸 토대로 인생 목표를 열 가지 써봅니다. 목표를 쓸 때는 끊임없이 의심할 필요가 있습니다. 정말 내가 그것을 원하는 게 맞는지 점검하기 위해서입니다. 금방 떠오르는 목표는 대개 표면적인 경우가 많아요. 하얀 종이 앞에서 오랜 시간 충분히 고민하며 써내려간 인생 목표야말로 나의 내면과 닿아 있습니다.

　　　　　　　　　　　※ 4장 연간 목표, 10년 목표, 인생 목표 세우기(177쪽) 참고

○ 나는 어떨 때 행복을 느끼나요?

○ 나의 인생 목표 열 가지

1. _____

2. _____

3. _____

4. _____

5. _____

6. _____

7. _____

8. _____

9. _____

10. _____

돈 이야기 속 시원하게 하자

뭐든지 다 들어주는 친구가 있다고 상상하면서, 그동안 돈에 대해 하고 싶었던 이야기, 알고 싶었던 부분, 답답했던 점, 혼자서 어려움을 겪고 있었던 부분을 모두 속 시원히 털어놔보세요. 이 작업을 통해 어떤 책을 더 읽어봐야 할지, 또는 어떤 방향으로 공부를 시작해야 할지 힌트를 얻을 수 있을 거예요.

※ 2장 돈 이야기, 속 시원하게 하고 싶은 사람들 모이세요(82쪽) 참고

이 책을 사게 된 이유

_____

_____

그동안 돈에 대해 궁금했던 것

_____

_____

앞으로 돈에 대해 배우고 싶은 것

_____

_____

돈과 나의 관계를 지키기 위한 원칙 세우기

경험도 물론 중요하지만, 어떤 일이든 그 과정에서 무엇을 배울 수 있었는지를 구체적으로 짚고 넘어가는 것이 더 중요합니다. 돈과 관련한 경험, 그중에서도 실수나 실패 혹은 성공과 성취를 살펴보고 내가 배운 것은 무엇인지 그 배움 속에서 뽑아낼 수 있는 나만의 원칙은 무엇인지 정리해봅시다.

※ 2장 돈과 나의 관계를 지키기 위한 원칙(104쪽) 참고

지난 실패와 실수	배운 것	나만의 원칙
성급하게 투자해서 빠르게 수익을 얻으려고 함	빨리, 한 번에 들어오는 돈은 힘이 약하다	천천히 겸허하게 건강하게
원칙 없이 주식 장에 들어가서 원금 손실	소신과 원칙을 가지고 주식장에 들어가고 과한 욕심을 부리지 말자	
시도 때도 없이 뉴스를 보면서 원금 손실에 대해 괴로워하고 불면증을 경험함	당장의 손실에 일희일비하지 말고 평생에 걸친 투자를 하자	
	시장이 안 좋으면 관망하며 건강부터 살피자	

11일차

내가 좋아하는 것, 잘하는 것,
사람들이 원하는 것의 교집합 찾기

　　내가 좋아하는 일을 하면서 먹고살 수 있다면 얼마나 좋을까요? 아래 그림을 채워나가면서 좋아하고 잘하는 일을 지속 가능하게 하는 방법을 생각해보세요. 내가 좋아하는 것, 내가 잘하는 것, 사람들이 원하는 것 순으로 적어봅니다. 객관적인 시선으로 '사람들이 원하는 것'을 충분히 고민해보는 것이 중요합니다. 세 가지 원의 교집합에서 어떤 일이 탄생할지 기대되네요!

※ 1장 가치 있는 일을 하면서 돈 버는 건 잘못된거야!(22쪽) 참고

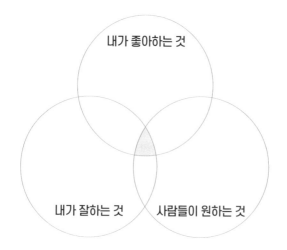

12일차 자산과 부채를 잘 구분하고 있나요?

내가 지금 구매한 것이 자산인지 부채인지 정확하게 알고 있나요? 자산과 부채를 구분하기 위해서는 간단히 '지갑 이론'만 기억하면 됩니다. 내 지갑에 돈을 넣어주면 자산, 내 지갑에서 돈을 빼가면 부채입니다. 다만, 부채는 계획에 따라 적극적으로 활용할 수도 있어요. 꼭 나쁜 것은 아니랍니다. 로또에 당첨되면 사람들이 제일 먼저 뭘 산다고 하나요? 대부분 '집과 차'라고 대답합니다. 과연 내가 사는^{live} 집과 차는 자산일까요, 부채일까요?

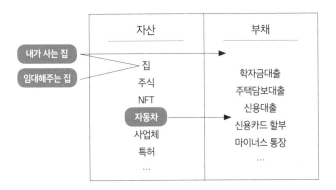

현재 나의 자산과 부채 적어보기

내가 지금 어느 위치에 있는지 알아야 어디로 갈지 방향을 정할 수 있겠죠. 현재 내가 가진 자산과 부채의 종류를 적고 구체적인 금액까지 적어보세요. 자산과 부채 구분이 헷갈린다면 다음 그림을 참고하세요. 내 지갑에 돈을 넣어주면 '자산', 내 지갑에서 돈을 빼가면 '부채'랍니다.

자산   부채

현재 나의 자산

자산 종류	금액

현재 나의 부채

부채 종류	금액

내가 내고 있는 세금 공부하기

우리는 각종 세금과 아주 밀접한 생활을 하고 있습니다. 그럼에도 평소에는 관심도 없다가 연말정산을 할 때쯤 부랴부랴 찾아본 경험이 다들 있을 겁니다. 모두가 법이 정한 대로 세금을 내지만 누가 더 꼼꼼하게 챙기느냐에 따라 환급받는 세금의 정도가 다릅니다. 자신과 관련된 세금을 찾아보고 실제로 얼마를 내는지와 환급을 받을 수 있는 방법, 활용법도 체크해보세요.

※ 4장 지금 당장 해야 할 경제적 활동 (192쪽) 참고

월급생활자	프리랜서와 부업자	사업자	부동산	주식
- 4대 보험 (국민연금, 건강보험, 고용보험, 산재보험) - 소득세 - 지방소득세 - 기타	- 종합소득세	- 원천세 - 부가세 - 종합소득세 - 법인소득세	- 취득세 - 재산세 - 종합부동산세 - 임대사업소득세 - 양도소득세	- 배당소득세 - 양도소득세 - 증권거래세

나의 소비 패턴 돌아보기

한 달간의 지출 내역을 보면 누구를 만나고, 어디를 다니는지, 취미 생활은 무엇인지, 식습관은 어떤지 등 자신도 미처 알지 못했던 생활 패턴이 보입니다. 영수증 행간 속에 숨겨진 스토리를 발굴해보세요. 그리고 다음 달 예상 소비 항목을 만들어보고, 이후 비교하면서 지출 흐름을 살피면서 내 소비 패턴을 정리하는 시간을 가져보세요.

○ 지난달 지출 정리

다음 달 예상 소비 항목

_____

_____

영수증 행간에서 보이는 것(느낀 점)

_____

_____

( )월						
1일	2일	3일	4일	5일	6일	7일
8일	9일	10일	11일	12일	13일	14일
15일	16일	17일	18일	19일	20일	21일
22일	23일	24일	25일	26일	27일	28일
29일	30일	31일	총 지출액: 소비 항목 순위:			

16일차	원데이 지출 계획 세우기

       '원데이 지출 계획'이란 하루의 예상 지출 금액을 정해놓고 그 이상을 쓰지 않는 것입니다. 저처럼 가계부 쓰기를 어려워하는 분들이 시도해보면 좋은 방법입니다. 우선 한 달 지출을 분석하고, 불필요한 지출 항목을 '최대한' 빼보세요. 그렇게 '최소한'의 한 달 지출 금액이 산출되면, 하루치의 지출액을 알 수 있습니다.

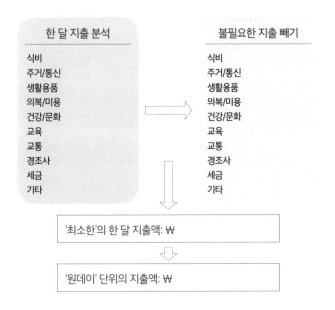

한 달 지출 분석	불필요한 지출 빼기
식비 주거/통신 생활용품 의복/미용 건강/문화 교육 교통 경조사 세금 기타	식비 주거/통신 생활용품 의복/미용 건강/문화 교육 교통 경조사 세금 기타

'최소한'의 한 달 지출액: ₩

'원데이' 단위의 지출액: ₩

최대한의 절약 시스템 만들기
- 고정비 항목 점검

불필요한 지출 항목을 최대한 줄이려면 고정비 항목도 점검해봐야 합니다. 자신의 고정비를 정리하고 지출액을 줄일 수 있는 방법을 찾아 실천해보세요. 아래에 소개한 방법 외에도 다양한 절약 방법을 찾아보세요.

통신비: 잔여 약정 개월 수와 현재 납부하는 통신비를 확인한 후 알뜰폰 요금과 비교해보자. '모요'라는 가격비교 사이트(www.moyoplan.com)에서 나에게 맞는 알뜰폰 요금제를 찾아보면 좋다.

보험비: 과거에 무분별하게 가입했던 보험을 점검해보자. '시그널플래너' 앱을 이용하면 쉽고 빠르게 보험을 관리할 수 있다.

교통비: 알뜰 교통카드, 지하철 정기권 등을 이용하거나 본인이 사용하는 신용카드 혜택을 찾아보자.

OTT 구독 서비스: 서비스를 중단하는 것이 가장 좋은 방법이다. 만약 포기할 수 없다면 피클플러스, 그레이태그, 링키드 등 OTT 구독 공유 중개 서비스 이용해보자.

기타: 식비, 문화여가비 등도 얼마든지 줄일 수 있다. SNS나 유튜브에서 #미니멀리스트 #짠테크 #앱테크 #부자습관 등을 검색하여 다양한 절약 노하우를 알아보자.

통장 세팅하기

소득이 생기면 통장 나누기를 통해 자금을 분산시켜야 합니다. 현재 가지고 있는 통장 구조를 아래 그림과 비교해보세요. 지금 당장 할 수 있는 첫 번째 재테크 방법입니다. 통장 구조 세팅을 통해 쓸데없는 지출을 줄이고 이리저리 새어나가거나 묵혀둔 현금을 찾아보세요.

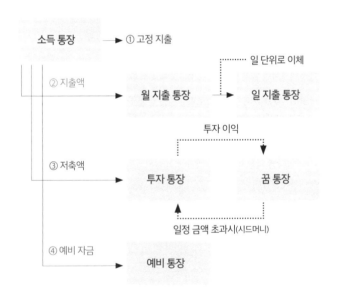

1억원 모으기 플랜

1억원은 경제적 자유로 가는 첫 번째 관문입니다. 먼저 현실적이면서도 긴장감을 줄 수 있는 형태로 목표 기한을 정합니다. 다음으로 1억원 달성까지 1년, 2년, 3년 등으로 기간을 세분화합니다. 마지막으로 매월 실천할 수 있는 구체적인 방법으로 지출 통제, 수입 증대, 성공 투자를 계획해봅니다.

(　　　　　)의 1억원 모으기 플랜

- 목표 기한 : 5년
- (1년) 목표 금액 : 2,000만원
- (2년) 목표 금액 : 6,000만원
- (5년) 목표 금액 : 1억원

	지출 통제	수입 증대	성공 투자
(　)월	월급 60% 저축	모임 운영(월 2회)	ETF 수익률 5%
(　)월			
(　)월			
(　)월			
(　)월			
…			

20일차
내 꿈을 위해 지금 해야 할
가장 중요한 경제적 활동 써보기

나의 목표를 짚어보면서 오늘 나의 계획이 내일의 어떤 장면과 연결되어 있는지 감각해보세요.

○ 연간 목표

○ 지금 당장 해볼 수 있는 것

1. 지출 통제

2. 수입 증대

3. 성공 투자

자신의 발전을 위해 투자하기
- 지식, 경험, 사람

경제적 자유를 이루는 데 있어 자신의 발전에 투자하는 것만큼 정직하게 성과가 나는 항목이 또 있을까요? '나'라는 자산을 잘 관리하고 발전시키기 위해서 그동안 투자해온 항목을 정리해보고 또 앞으로의 계획을 세워봅니다.

구분	지식 자본(외국어, 책, 온라인 강의 등)	경험 자본(직장, 업무, 프로젝트, 창업, 부업 등)	사람 자본(기회, 네트워크, 가치 등)
그동안 쌓아온 것			
앞으로 채워나갈 것			

자산 취득보다 중요한 것은 자본 시장에 참여하고 있다는 감각입니다. '사장님 되어보기'는 무언가를 소비할 때 해당 사업체의 수익 구조를 구체적으로 상상해보는 것으로, 소비자를 넘어 자산가가 되어보는 간접 경험을 할 수 있습니다. 자주 가는 카페의 아메리카노 가격이 왜 5,000원이 되었는지 사장님의 입장에서 계산해보면서 자본 시장에 참여해봅시다.

(평수와 위치 고려) **임대 월세** 1,000,000원
종업원 수 × 업계 평균 월급 1명 × 2,500,000원
원두 구입 500,000원
공간유지보수 300,000원   일시적 지출금액은 12개월로 나눠 일 지출을 예상해봅니다.

| 인테리어 15,000,000원 | **(월) 합계 예상 지출액** |
| 집기 10,000,000원 | ₩ 6,380,000 |

시간당 평균 방문객 수 × 영업 시간 12명
'아메리카노' 가격 5,000원
일 영업 시간 8시간   **(월) 합계 예상 수입액**
월 영업일 26일   ₩ 12,480,000

(월) 예상 순수익
₩ 6,100,000

23일차 가까운 곳에 있는 부자 인터뷰하기

경제적 자유를 이룬 사람들은 멀리 있지 않습니다. 조금만 눈을 크게 뜨고 귀를 활짝 열면 생각보다 가까운 곳에서 생생한 부자의 이야기를 들을 수 있습니다. 의외로 가까운 곳에 있을 부자를 떠올리며 사전 인터뷰 질문지를 준비해 직접 만나보세요.

어떻게 하면 내 주변에서 부자가 된 사람들을 찾을 수 있을까요?

어떻게 하면 그 분들에게 직접 연락하고 만날 수 있을까요?

부자를 직접 만날 수 있다면 꼭 해보고 싶은 세 가지 질문은 무엇인가요?

1.

2.

3.

부캐 키우기의 시작
- 나를 표현하는 한 문장

인스타그램 계정이나 유튜브 채널을 만든다고 생각하면서 자신이 어떤 사람인지 한 줄로 표현해보세요. 직업, 나이, 지위, MBTI, 성격적 특징, 좋아하는 것, 싫어하는 것, 잘하는 것, 못하는 것, 하고 싶은 것 등 다양한 주제로 키워드를 떠올려봅니다. 꼭 명사일 필요는 없습니다. 동사, 형용사, 부사, 감탄사와 같은 형태로 나열한 후에 문장을 만들어도 좋아요. 스스로 찾기 어렵다면 가족, 함께 일하는 동료, 친구에게 나는 어떤 사람인지 물어보세요.

나를 표현하는 키워드

나를 표현하는 한 문장

내가 만든 부캐 이름

작은 투자 성공 경험 쌓기
- 모의 투자 및 국내주식 소수점 거래

25일차

자산 취득보다 중요한 것은 자본 시장에 참여하고 있다는 감각입니다. 다양한 재테크 방법 중에서 초보자가 쉽게 해볼 수 있는 소수점 주식 거래를 통해 작은 투자 성공 경험을 쌓아봅시다. 국내 소수점 투자는 한화투자증권, 미래에셋증권, 키움증권, NH투자증권, KB증권, 신한투자증권, 삼성증권 등 증권사를 통해 시작해볼 수 있습니다. 최소 0.001주, 1,000원 단위로 주문이 가능합니다.

키움증권의 소수점 매매 서비스 사용 방법

1. **계좌 개설**

2. **서비스 신청:** 트레이딩 > 국내주식 > 소수점 매매 > 서비스 신청/해지

3. **거래 방법:** 트레이딩 > 국내주식 > 소수점 매매 > 소수점 주문

4. **거래 가능 종목:** 코스피, 코스닥 상장주식만 가능

5. **주문 단위:**
    - 매수: 1,000원 금액 단위로 주문 (최소 1,000원)
    - 매도: 0.001주 수량 단위 주문 (최소 0.001주)

6. **주문 신청/취소 가능 시간:** 오전 8:40~익일 오전 8:00

7. **주문 실행시간:** 10, 11, 13, 14시(1일 총 4회)

8. **매매 수수료:** 온라인 주식 매매 수수료와 동일(0.015%)

지금의 삶도 내 삶이다
- 잘하고 있는 부분 놓치지 않기

경제적 자유를 이룬다는 것은 결국 나라는 사람을 잘 알게 되는 즐거운 과정입니다. 못한 것, 못 가진 것, 없는 것에 초점을 맞춰 끊임없이 채찍질하기보다 잘하고 있는 면, 주어진 것에 감사하는 시간을 보내봅시다. 지금 나의 일, 관계, 생활 양식에서 잘하고 있는 면, 그래서 더욱 지키고 싶은 면은 무엇인가요?

※ 에필로그(205쪽) 참고

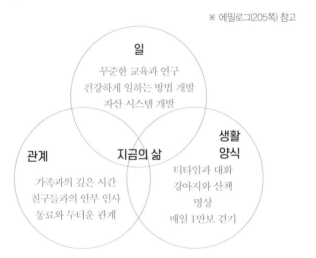

27일차 내적 동기를 선택하는 연습

경제적 자유를 이루는 그날까지 행복한 기다림이 되기 위해서는 어떻게 해야 할까요? 바로 '내적 동기'에 집중해야 합니다. 심리학에서 말하는 내적 동기는 '어떤 행위를 하는 것이 그 행위 본연의 목적일 때'이고, 외적 동기는 '어떤 행위를 하는 것이 그 행위 본연의 목적이 아닌 다른 목적일 때'입니다. 일상 속에서 두 동기가 충돌하는 몇 가지 사례를 떠올려봅니다. 그리고 내적 동기를 선택하는 연습해보세요.

※ 에필로그(205쪽) 참고

한 끼를 때우기 위해 요리한다
3kg 감량을 위해 달리기를 한다
잠을 깨기 위해 커피를 마신다

여러 재료의 향을 음미하며 요리한다
날씨를 충분히 즐기며 달리기를 한다
커피향을 느끼면서 천천히 마신다

외적 동기

내적 동기

캐시플로우 게임 경험해보기

캐시플로우^{cash flow}란 뜻풀이 그대로 현금 흐름입니다. 다양한 경제 활동을 통해 이뤄지는 현금의 유입과 유출을 말하지요. 경제적 자유로 가기 위해서는 돈이 어떻게 흘러가는지에 대해 잘 알아야 하고 본인의 캐시플로우를 확장시켜야 합니다. 캐시플로우 보드게임은 캐시플로우를 쉽게 이해하기 위해 만들어진 게임으로 온오프라인에서 모두 즐길 수 있습니다. 게임으로 즐겁게 경제적 자유를 이루기 위한 연습을 해보세요.

※ 2장 게임 한 판이 나를 유쾌하게 무너뜨렸다(72쪽) 참고

온라인

무료로 캐시플로우 게임(영문판)을 체험해볼 수 있습니다. 로버트 기요사키 공식 홈페이지(richdad.com)에서 [Start Playing Within Minutes. Sign up for FREE]를 눌러 이름과 주소를 입력하고 발송된 메일 속 링크를 누르면 게임을 시작할 수 있습니다. 게임 시작 화면을 눌러 [Create New Room]을 클릭한 후 이름과 비밀번호를 적고 [Create Game]-[Begin Game]을 차례로 클릭합니다.

게임 방법

① [Choose]를 클릭합니다. 직업은 랜덤으로 정해지고 직업에 따라 수입과 지출이 달라집니다.

② [Roll]을 클릭하면 주사위가 던져집니다. [Repay]에서 본인의 재무제표를 확인하면서 부동산과 주식, 사업체 등을 사고팝니다. [Borrow]를 클릭하여 대출을 받을 수도 있습니다.

③ 총 지출보다 자산소득이 많아지면 생쥐 레이스^{Rat Race}를 탈출해 부자 레이스^{Fast Track}로 갈 수 있습니다.

오프라인

인터넷 또는 SNS에 캐시플로우를 검색하면 많은 오프라인 모임이 나옵니다. 살고 있는 지역을 함께 검색하면 좀 더 쉽게 찾을 수 있습니다. 모임별로 홈페이지나 SNS 게시물을 참고하여 게임 일정과 분위기 등을 살펴보세요.

캐시플로우 서울: 인스타그램 @cashflowseoul

29일차) 시간 관리하기

책을 처음부터 읽고 워크북까지 모두 작성하다 보면 나도 모르게 마음이 조급해질지도 모릅니다. 경제 공부도 하고, 저축과 투자도 하고, 소득 늘릴 방법도 찾아야 하고… 하지만 앞서 얘기했듯이 지금의 삶도 내 삶이므로 정성스럽게 돌봐야겠죠. 경제적 자유를 향한 여정이 지속 가능하도록 일간, 주간, 월간, 연간 단위의 스케줄 표를 만들어보세요. 다른 사람의 목표가 아닌 나의 목표, 다른 사람의 속도가 아닌 내 속도에 맞춰 계획을 세웁니다.

30일차 나에게 보내는 응원 메시지

1일차부터 지금까지 열심히 달려온 여러분에게 박수를 보내드려요. 워크북을 직접 써보면서 나의 진짜 욕구를 들여다보고 나만의 경제적 목적지를 설정하고, 내 출발점이 어디인지 파악하고, 그에 맞는 계획과 전략을 수립하기 위한 첫 번째 스텝을 모두 마쳤습니다. 앞으로도 나만의 경제적 자유를 향해 나아갈 자신을 위해 다짐과 응원의 메시지를 적어보세요. 그리고 어쩌다 또다시 불안감이 느껴진다면 마지막 장을 펼쳐 읽어보길 바랍니다.

나만의 경제적 자유를 찾아 떠난 _____에게

논문

《Pursuing happiness: The architecture of sustainable change. Review of General Psychology》| Lyubomirsky, S., Sheldon, K. M., & Schkade, D. | 2005 | 9, 111-131

《To do or to have? That is the question》| Van Boven, L., & Gilovich, T. | 2003 | 85, 1193-1202.

《Spending money on others promotes happiness》| Dunn, E. W., Aknin, L. B., & Norton, M. I. | 2008 | 319, 1687-1688

《Money buys happiness when spending fits our personality》| Matz, S. C., Gladstone, J. J., & Stillwell, D. | 2016 | 1-11

도서

《파이어 FIRE》강환국, 페이지2, 2022년

《나로부터 자유로워지는 즐거움》김정호, 불광출판사, 2012년